媒介与体育

主　编　李岭涛　薛文婷　钟　海
执行主编　梁　骏

北京体育大学出版社

策划编辑：韩培付
责任编辑：米　安
责任校对：曹晓燕
版式设计：李　鹤

图书在版编目（CIP）数据

媒介与体育 / 李岭涛, 薛文婷, 钟海主编. -- 北京: 北京体育大学出版社, 2024.1
ISBN 978-7-5644-0539-7

Ⅰ. ①媒… Ⅱ. ①李… ②薛… ③钟… Ⅲ. ①传播媒介－关系－体育－新闻学－传播学－研究－中国 Ⅳ. ①G206.2②G219.2

中国国家版本馆CIP数据核字(2024)第015559号

媒介与体育
MEIJIE YU TIYU
李岭涛　薛文婷　钟　海　主编

出版发行：北京体育大学出版社
地　　址：北京市海淀区农大南路1号院2号楼2层办公B-212
邮　　编：100084
网　　址：http：//cbs.bsu.edu.cn
发 行 部：010-62989320
邮 购 部：北京体育大学出版社读者服务部 010-62989432
印　　刷：河北鸿运腾达印刷有限公司
开　　本：710mm×1000mm　　1/16
成品尺寸：170mm×240mm
印　　张：12
字　　数：202千字
版　　次：2024年1月第1版
印　　次：2024年1月第1次印刷
定　　价：48.00元

编委会

主　编：

李岭涛　薛文婷　钟　海

执行主编：

梁　骏

编委会主任：

李岭涛　薛文婷　钟　海

编委会副主任：

毕雪梅　陈志生　贺幸辉　徐明明　宋　巍　刘庆振

编委会执行主任：

梁　骏　郑珊珊　李　晶　胡岑岑　罗姣姣　黄芦雷娅

编委会委员：(按姓氏笔画排序)

丁方卓　丰华文　亓　鹏　任大方　刘　琳　刘　湜　刘亚平　刘贺娟

肖　斌　吴　垠　吴玉婷　佟　玲　宋　扬　张凌霄　张瑞桓　陆　虹

庞明慧　赵盛楠　洪建平　贾　静　夏　天　高　歌　路　鹃

前　言

习近平总书记多次强调，体育是社会发展和人类进步的重要标志，是综合国力和国家软实力的重要体现。站在中华民族伟大复兴的战略全局和世界百年未有之大变局的高度看，以体育事业为经，以传播研究为纬，讲好中国故事，为新时代中国体育事业的品牌塑造找到恰当的历史坐标，为中华传统体育文化的传承与发展找到切实可行的创新路径，推动构建人类命运共同体，实现中华民族伟大复兴的中国梦，已成为体育新闻传播者必须直面的时代命题。

在这样的背景下，2023年4月，第一届“媒介与体育”高峰论坛以“数字时代的体育新闻传播：范式转变、全球视野与中国经验”为主题，吸引了海内外300多名研究者积极投稿。经过匿名专家的双盲评审，共有80余名专家学者齐聚北京体育大学，以跨学科、多范式的学术交汇，奏响了中国体育新闻传播研究的新篇章。本书的成稿便是对此次论坛的学术总结。

本书从论坛投稿的250多篇论文中，精选了12篇优秀论文，并将其分为国际体育传播、体育新媒体研究、体育新闻传播史、武术传播研究、体育赛事版权研究、体育新闻传播实务和体育解说研究七大专题。12篇论文的作者既有国内知名院校的院长、教授等资深学者，也有学术研究能力与潜力俱佳的青年教师、硕（博）士研究生。他们的研究角度多元，问题意识明确，理论方法前沿，兼具学术价值与现实意义，为我们呈现了体育新闻传播领域的百花齐放。

路漫漫其修远兮，吾将上下而求索。我们希望本书的出版，可以为国内体育新闻传播者搭建一个交流思想、启迪学术的平台，从而使其更好地把握中国式现代化与体育强国建设的理论逻辑与实践路径。当然，我们更希望能有越来越多的学界同人、业界同侪持续关注这一领域，共同打造体育新闻传播研究的学术共同体，为我国体育新闻传播事业浇灌出更加璀璨的理论之花。

本书系北京体育大学新闻与传播学院、5G高新视频体育融合创新应用国家广播电视总局实验室、体育融合出版可视化技术国家新闻出版署重点实验室联合出版。

目　录

国际体育传播

体育新媒体研究

体育新闻传播史

武术传播研究

注：*指文章有基金项目。

20世纪亚洲体育认同的历史缔结与复杂传播斗争

朱虹旭，周庆安

（清华大学，北京 100084）

◎ 作者简介

朱虹旭：清华大学新闻与传播学院硕士研究生，国家一级足球运动员，国际大体联青年记者。研究方向：国际体育传播与新闻历史。

周庆安：清华大学新闻与传播学院院长，博士生导师，教授，教育部青年长江学者特聘教授，福建省闽江学者讲座教授，主持多项国家社科基金项目或担任项目负责人，已发表 CSSCI（中文社会科学引文索引）论文50余篇。研究方向：国际传播与政治传播研究。

摘　要：本文从历史政治地理学和国际传播学的视野，对20世纪亚洲体育认同的构建动态和复杂传播斗争进行现代化分析。20世纪亚洲体育认同的独特性既在于拥有多样文化的亚洲国家依靠体育成为一个政治共同体，又在于亚洲体育文化在与西方体育文化的冲突与融合中建构了真正意义上的奥林匹克文化。在20世纪的国际传播斗争中，亚洲依靠体育政治化的媒介功能对国家发展、亚洲区域合作、世界力量体系都产生了重大且深远的政治及思想上的影响。

关键词：亚洲认同；现代化；体育政治化；国际传播

世界体育史研究中与亚洲体育相关的研究非常少，因此有的国际研究常以欧洲中心论和西方现代性思想来理解和阐释亚洲体育的历史发展。现代亚洲体育发端于19世纪，亚洲国家在反帝反殖民斗争中逐步通过体育唤醒了“民族–国家”认同。第二次世界大战结束后，许多亚洲国家开展了民族独立运动，跨国体育活动逐渐成为亚洲各国政府、运动员、人民之间沟通感情、互增友谊、凝聚认同的重要媒介载体。因此，在世界体育史图景中，20世纪的亚洲体育史有着极其重要的思想价值。

本文尝试通过现代化视角，对亚洲体育认同构建的国际传播过程进行历史政治地理学分析。从西方思想史来看，“亚洲体育”是一个松散、宽泛、多元的共同体想象。而在历史实践中，20世纪的亚洲体育在区域历史政治基础上逐渐形成了认同，这不仅抵抗了西方体育文化的入侵，在亚洲范围内还激发了传统东方文化对现代体育的逆向输出。20世纪的亚洲依靠体育政治化成为一个紧密的共同体，对当时亚洲的政治、经济、文化等各方面的发展产生了极大的推动作用。本文将20世纪亚洲体育的国际传播史代入共时性、历时性、现代化3个维度，以此探讨亚洲认同在亚洲体育政治化中的思想变迁、亚洲认同在国际体育传播中的扩散与斗争，以及亚洲体育在现代化发展道路上的价值。

1　置换的体育：20世纪亚洲体育史的独特性

1.1　共时性下涌现的亚洲体育思想

近代科学革命和西方现代化道路将世界体系发展纳入了一个多重时间和空间的历史情境中。全球各国的命运和发展在西方帝国主义国家的殖民入侵中以复杂的共时性状态横向联结在了一起。“平等、公平、公正”的现代体育规则是不同文化背景的人们共同接受的文明规则。国际传播中一直强调的“体育无关政治”的思想观念，在历史实践中受到了复杂的冲击。

全球各国的民族、文化、文明原本在各自的历史时序中积累，西方帝国霸权却试图在20世纪将多重历史时序归整为近代西方文明单一支配的历史时序。为此，西方帝国主义国家除了以军事、政治、经济等硬实力实现全球扩张外，还通过艺术、体育、文化等形式进行软实力扩张。现代体育是融入了西方现代性思想后传入亚洲殖民地的，并逐渐成为控制亚洲殖民地适应西方文化的工具，成为殖民者与被殖民者不断冲突中的媒介载体。西方现代性思想试图在国际传播体系中建立唯西方文明独尊的人类文明价值体系，而体育被视为一种媒介载体以便宣扬西方思想、文化、文明。

20世纪现代体育活动传入东亚各国，将现代化概念引入尚处于历史传统中的亚洲。西方人在体育运动中嘲笑中国男性运动表现不足，并将中国传统文化置于西方现代文化体系的下位，以此建立自信心和优越感。然而现代体育却在殖民地冲突中成为亚洲民族独立崛起的媒介。19世纪90年代，美国人开始在日本举办棒球联赛，从美国留学归来的日本留学生成立了自己的棒球俱乐部。日本棒球队在系列比赛中挑战并多次击败了美国棒球队。棒球在美国的地位，就如柔道和剑道在日本的地位一样，日本棒球队通过击败美国棒球队，彰显了亚洲民族的独立性和斗争性。

以独立的“民族-国家”认同所形成的亚洲体育思想，一方面在共时性状态中获得了主体性，另一方面在西方现代性思想主导的国际传播体系中面临合法性问题。在20世纪摆脱了殖民地压迫和封建主义控制的亚洲国家，效仿国际奥委会成立了亚洲运动会联合会，也就是亚洲奥林匹克理事会的前身。亚洲运动会联合会意在协调开展亚洲国家和地区之间的体育活动，在亚洲宣传奥林匹克思想。许多亚洲国家通过亚运会和各类亚洲锦标赛，向世界展现亚洲人民独立、自主、进步的形象。亚洲体育的蓬勃发展也对西方体育主导的国际传播体系造成了冲击，受国际政治因素影响，20世纪50年代国际奥委会和众多国际体育组织将中国和印度尼西亚驱逐出世界体育舞台。“体育无关政治”一方面包含了世界人民对于现代化生活的基础共识，另一方面成为国际传播中掣肘非西方国家体育思想发展的叙事冲突。

在逐步成型的冷战格局中，中国和印度尼西亚发扬了独立自主的国际体育精神，坚持反帝反殖民的立场，联合众多亚洲国家及其他第三世界国家共同举办了新兴力量运动会。顶着国际奥委会和众多国际体育组织的压力，中国重返1974年德黑兰亚运会，彰显了亚洲体育思想的独立与团结，也为中国最终重返国际奥委会奠定了基础。整个亚洲以体育为媒介不断缔结友谊，亚运会也从最初11个国家和地区参加的规模逐步扩大。1990年北京亚运会时，除了战争中的科威特和伊拉克，亚洲共有37个国家和地区参加比赛，标志着亚洲体育认同的历史性缔结。

20世纪的亚洲体育逐步发展成现代体育的形式，却在实践中呈现出一种“反体育”的形态。亚洲体育的思想缘起和历史动力并不是西方现代思想所蕴藏的社会达尔文主义，在亚洲实践中更多呈现的是独立、自主、团结的民族复兴主义和多边合作主义。虽然苏联解体打乱了整个世界格局，但是20世纪亚洲体育所产生的历史认同依然为世界体育思想及国际体育传播留下了珍贵的时代遗产。

1.2 亚洲体育的主体情境与叙事冲突

亚洲共同体本身是一个多元、复杂的概念，却在20世纪初被西方建构为遥远的东方主义、对立的地缘政治和冲突的东方文明。“民族-国家”认同价值被默认为工业资本主义制度下的产物，世界对亚洲的认识和理解被曲解为西方思想知识体系下的附庸。第二次世界大战结束后，国际研究通过地缘政治学来分析和解释亚洲体育发展与现代政治、经济、文化之间的复杂联系。地缘政治学从地理和空间的角度，对世界体系的权力格局和力量对比进行分析，认为地理是影响政治的主导因素。仅仅依赖地缘政治学进行共时性比较，较难以理解亚洲体育发展的思想缘起和历史动力。如果不能对实际概念进行置换过程的分析，很难真正理解亚洲体育发展的内涵、力量和局限。

事实上，大部分亚洲国家在20世纪通过民族资本主义革命才逐步建立起新兴的政权和国家，依靠传统地域文化、东方文明与现代化生产方式的结合，逐步在斗争中取得历史性的变革。要对历史思想观念产生准确、完整的认识，需要将政治、人文、地理结合起来，在特定文化和具体时空的结合形态中准确勾勒并分析历史思想观念的结构，考察动态存在的历史进程和文化流动，这便是历史政治地理学的视角。

体育在现代化进程中被赋予了独有的团结力量。现代体育在历史演进中达成了世界性的价值共识，独立、团结、进步的体育精神在20世纪亚洲体育实践中被不断提及。在国际传播体系中，体育并非一开始就被现代性思想话语定义为平等、团结、互助的媒介载体，20世纪的西方体育注重和宣扬社会达尔文主义，在该主义的支配下体育价值被视为优胜劣汰、成王败寇，导致现代体育发展陷入危机。西方竞争体育文化与国际体育团结文化之间存在明显的历史断裂，但在国际传播实践中西方国家将现代体育团结的价值归于自身，实质是西方国家利用先发现代化优势在国际传播中植入西方普遍性为世界普遍性的叙事冲突。

西方体育媒介化理论认为现代社会体育可以以新闻、观念的形式扩大影响力从而具有“媒介体育”的功能。在西方主导的国际体育新闻中，亚洲体育的主体情境长期被绑在“体育政治化”的一面上，而西方国家站在“体育政治化”的对立面制造了大量的叙事冲突。实质上西方现代性思想并不能理解、描绘和诠释亚洲国家探索体育现代化的历史动态，亚洲国家需要超越西方中心主义，以自身为主体，才能找到分析亚洲体育在国际传播中的现代化路径。

回到亚洲体育的主体情境中，20世纪的亚洲体育史贡献了现代体育价值中平等、团结、合作等重要价值，在国际传播中完成了亚洲人民的现代体育文化的转换和认同。因此，亚洲体育思想真切地来源于亚洲作为共同体的政治思想而非获取于“体育无关政治”的叙事冲突。

2 独立、自主、进步：亚洲体育共同体的历史政治想象

2.1 亚洲共同体思想的历史与现实

亚洲共同体的形成伴随着复杂的历史过程，要认清这一问题需处理认识和历

史之间的错位。欧洲工业革命和现代体育的发展，将亚洲视为一个传统、滞后的地区。停滞的亚洲国家成为西方国家进行军事、经济扩张，证明自身优越性的目标。西方国家进而利用体育、娱乐等途径，试图在亚洲国家中灌输现代化只能是西方化的单一现代化路径的思想，并幻想在亚洲政治和民族事务上取得西方现代性思想的合法性。这种西方现代性的侵入反而在20世纪的亚洲革命中激发了民族文化的兴起。亚洲本身蕴含的差异性价值在殖民压迫中不断觉醒，亚洲国家在各国革命中发现了亚洲面临的共同困境，逐步缔结具有亚洲性的历史阵营。

西方现代性所主导的侵略战争与殖民统治在现实中制造了世界霸权，也在基础认识论上产生了抽象性代表普遍性的思想。而亚洲本身具有多样性的风土特征，足以产生重构普遍性认识的时空基础。亚洲的不同宗教、文明、历史形态之间追求多样平等的相互理解，而非特殊个体的普遍扩张。20世纪不断进行革命的亚洲在与西方的反帝反殖民斗争中觉醒，提出了亚洲共同体的设想。第二次世界大战之后，亚洲的政治、经济、文化结构逐步走上现代化道路，并迅速成为世界现代化体系发展的重要增长力量。亚洲共同体的主体性摆脱了西方现代性隐含的自我中心、排他主义和扩张主义的支配，建立了新的现代化政治经济关系和政治经济结构，这种关系能容纳多元文化和多类型的社会形态，可以连接历史与现实的政治和文化。

实现独立、寻求自主、谋求发展是20世纪亚洲国家的现实政治目标，这样的时代性变化从根本上推动了亚洲体育的发展。体育超越种族、性别、阶级等现代社会局限，在参加和观赏体育活动的过程中能建构地域性甚至人类性的身份认同。现代体育精神所提倡的独立、平等、进步与亚洲国家的政治性思想和时代性需求相契合，多数亚洲国家需要以特定的媒介来构建“民族–国家”的政治认同，激发人民参与国家现代化发展的热情，并向世界展现亚洲进步崛起的积极态势。现代社会所处的时代是政治化的时代，不仅是体育政治化，整个人类现代社会发展都不可能摆脱政治。而体育是激发亚洲国家和人民推动政治、经济、文化整合的重要媒介，对整个亚洲的发展有着深远的影响。

2.2 亚洲体育共同体的历史政治解释

西方国家在第二次世界大战后的世界体系中仍然处于支配地位，亚洲国家难以孤立地完成现代化探索。亚洲人民意识到要以亚洲的地理作为亚洲认同的核心要素，保持亚洲民族独立自主的政治立场。亚洲国家开始思考如何协调民族主义、区域主义和国际主义之间的复杂关系，而亚洲新兴国家需要通过团结合作的共同体形式争取安全和发展。虽然由于国家之间经济实力、政治制度、文化传统和宗教信仰的复杂差异，亚洲难以形成统一的政治、经济或军事联盟，但却拥有世界上第一个覆盖整个洲际的体育运动组织。实现亚洲体育共同体的缔结成为亚洲各国的共同政治倾向，这是20世纪亚洲政治需求和体育媒介功能契合的历史抉择。

受国际奥林匹克运动蓬勃发展的影响，亚洲各国先后举办了远东运动会和西亚运动会两个规模较大的地区性运动会并获得了国际奥委会的承认。第二次世界大战之后，亚运会和各类亚洲锦标赛促进了亚洲体育的发展，也增进了亚洲各个国家和地区之间的文化交流。在政治上，亚洲体育交流夯实了国家的政治基础和外交信任；在经济上，亚洲体育交流拉动了国家的基础建设发展，提高了国家的对外开放程度；在文化上，被西方现代性视为落后的亚洲文化借助体育现代化实现了继承和发展。20世纪亚洲国家以体育活动为平台展现了国家独立形象和自主民族认同，在体育竞技中通过运动员的拼搏面貌展现了国家推进自主现代化建设的成绩与目标，在体育新闻报道中强调各国运动员团结和各国人民观赛热情以建构团结的亚洲体育认同。

亚洲体育共同体的想象和认同是20世纪亚洲历史政治思想的延伸。20世纪，亚洲国家秉持独立自主的政治价值和求同存异的东方文化底蕴，在实践中寻求适合各自国情的现代化道路。然而在西方现代性思想的世界体系中，亚洲国家以体育推动社会政治、经济、文化全方位的进步和发展，从而探索独立的现代化道路，必然会受到压迫，因此亚洲国家为此展开了斗争。在以亚洲作为主体的现代化分析视角下，体育政治化是探索独立的现代化道路的时代选择和历史路径。但是在西方现代性思想主导的国际传播体系中，“体育非政治化”和“体育政治化”这一对概念成为西方国家试图干涉亚洲体育团结的叙事切口。历史证明由“中国合法性”问题引发的国际奥委会和亚洲奥林匹克理事会之间的国际体育传播斗争，在正值民族独立解放运动的高潮阶段增强了亚洲共同体的政治观念和亚洲人民心连心的团结意识。

3 我们亚洲：亚洲体育认同的复杂斗争与中国力量

3.1 亚洲体育认同的独立斗争

亚洲体育认同所展现的拼搏、进步、团结，是20世纪亚洲现代化发展的重要标志。但与此同时，西方国家为了维护其支配地位，在国际体育传播中炮制“两个中国”和指责印度尼西亚支持中国，用体育政治化的叙事冲突来阻挠亚洲体育认同的形成。1952年，国际奥委会违反《奥林匹克宪章》关于在一个国家内只能承认一个国家奥林匹克委员会的规定，坚持承认“两个中国奥林匹克委员会”，并企图篡改中国在国际体育赛场上的名称。随后“两个中国”问题进一步扩大到各项国际体育组织中，为了维护中国领土的统一和完整，中国奥委会于1958年8月19日宣布断绝与国际奥委会的关系。

印度尼西亚等国家清楚地认识到体育与政治的关联性，敢于在西方主导的国际体育传播体系中表明立场，并通过举办新兴力量运动会的方式，展现摆脱霸权统治、重建世界和平的历史政治立场。中国也全力支持新兴力量运动会的举办，争取使新兴力量运动会办成一个以亚非拉国家为基本力量，践行真正奥林匹克精神的世界性运动会。在1963年的首届新兴力量运动会上，中国体育代表团参加了14个项目的比赛，获得66枚金牌、56枚银牌和46枚铜牌，并打破两项世界纪录，向世界表明了中国实践奥林匹克理想的决心，也收获了众多亚非拉国家的体育认同。在冷战格局愈发升级的态势下，新兴力量运动会及亚非拉国家开展的各类民族解放运动和独立不结盟运动切实构成了世界政治力量体系的第三极。

3.2 亚洲体育与中国体育的认同缔结

与此同时，亚洲运动会联合会和国际奥委会在“中国合法性”问题上的争斗愈发激烈。伊朗意识到了世界政治力量的不平衡，缺少中国力量的亚洲符合美苏超级霸权的现实利益却影响到了亚洲国家独立自主的生存空间。亚洲体育格局的变化使国际奥委会和亚洲运动会联合会之间的关系变得微妙。1971年，国际奥委会再次强调政治不应该和体育混合，1974年的德黑兰亚运会如果没有邀请国际奥委会成员国，国际奥委会将不承认该届亚运会，其他单项体育运动组织也警告亚洲的成员国不能在1974年德黑兰亚运会上与非成员国竞争。时任亚洲运动会联合会主席国的伊朗，联合巴基斯坦、日本、阿富汗等国在1973年进行“两个中国”问题的辩论和投票。最终撤销了台湾地区的会员资格，恢复了中国在亚洲运动会联合会的合法席位。国际奥委会通过公开声明向亚洲运动会联合会表示不满，对政治逐渐介入体育运动表示失望，声称亚运会在体育界树立了一个坏榜样。实际上是亚洲体育在回归到主体情境中进行现代化发展时，遭遇了国际体育传播的叙事冲突。

1974年德黑兰亚运会上，来自25个国家和地区的2363名运动员参加了16个大项比赛的角逐，其规模、范围、人数都超过了1970年的曼谷亚运会。1970年曼谷亚运会时，亚洲运动会联合会成员还不满20个。1974年德黑兰亚运会上，朝鲜、伊拉克、老挝、蒙古国、黎巴嫩、叙利亚入会和中国合法席位的恢复，标志着亚洲体育认同有了更广泛的代表性。团结、友谊、进步成为1974年德黑兰亚运会的主旋律，这充分显示了亚洲各国加强团结，反对西方霸道行径，要求独立自主地发展体育事业的强大力量。

3.3 亚洲体育认同的复杂延续

在国际传播层面，亚洲体育为了摆脱体育政治化的主体情境，在话语倾向上使用友谊的频次逐步下降，各国媒体转而将民族主义和锦标竞争结合，引发了亚洲体育叙事中金牌主义、锦标主义相关话语陡增的趋势，这在一定程度上反映了亚洲体育认同遭到削弱和分化的局面。冷战末期，体育政治化叙事在国际传播中面临着历史性困境，苏联和民主德国长期统治的体育强国地位及政治符号不仅没有获得世界认同，整个竞训体制反而因为经济问题而崩溃。西方国家也面临竞技体育和大众体育之间的经济文化冲突。亚洲体育认同的延续和扩散亟须新的动力。

站在20世纪政治历史体系的转折点上，1990年北京亚运会成为重新凝聚亚洲认同的重要历史事件。虽然此时亚洲内部仍有不稳定因素和地缘冲突，以亚洲共同体面对可能发生剧变的军事安全环境和社会发展格局是亚洲共识性的政治价值需求。

亚洲体育认同的复杂延续，实质上是亚洲国家在世界政治格局变化中调整和适应民族主义、区域主义及国际主义关系的新平衡状态。1990年北京亚运会的成功举办，增强了亚洲各国的友谊和认同，以体育为媒介载体让不同文明、不同国家的人团结在一起，共同为了人类社会的进步而发展。

4 “短20世纪”的亚洲体育：国际体育传播的现代化融合与时代遗产

4.1 亚洲体育的现代化意涵

20世纪亚洲体育的发展进程反映的是亚洲各个国家和人民之间认同缔结的动态。亚洲体育认同是亚洲的政治、历史、思想、文明、文化之间交融的自主现代化共同体。西方国家依托国际体育传播向亚洲注入了西方现代性思想和意识形态，而亚洲国家凭借本身独有的历史文化、反帝反殖民斗争和革命，自下而上形成了以“万隆精神”为代表的区域自主意识和战后亚洲情感的制度化，开始了亚洲独立自主的现代化探索。

现代性和现代化在历史思想上并非一组对立的概念，因为现代性有着现代化的基本方法和经验，而现代化有着现代性的理想愿景，在普遍性与特殊性之间并没有明确的可复制的历史路径。亚洲各国家的现代化道路和模式各具特点，具有多样性，亚洲的现代化不同于西方的现代化。在20世纪的后半叶，亚洲国家的现代化探索也产生了不同分化，有的国家走上了复制西方现代性的发展道路，有的国家走上了政治改革的道路，还有些国家在局部区域冲突中调整目标道路。

亚洲体育认同演进的历史进程，在国际传播中呈现出西方现代性与亚洲现代化之间的争斗与融合。在国际传播中，西方现代性思想可以凭借普遍性观念和叙事情境优势来阻碍亚洲各国自主现代化的历史进程和动态记忆。亚洲国家依托体育媒介在共同的历史进程中达成共识，可以超越西方中心主义，突破地缘冲突。1964年东京奥运会和1988年汉城（现首尔）奥运会的成功举办标志着东西方体育交流融合进入新的阶段。

20世纪的亚洲在依托体育政治化的媒介功能带动国家现代化发展的同时，并没有意识到以亚洲为整体的国际体育传播体系构建的重要性，亚洲国家不得不在西方体育主导的国际体育传播体系中承受西方现代性思想的冲击和侵蚀。西方文化主导的奥林匹克运动在重功利、重竞争思想的发展沿革中遭遇了公正、良知、道德、信任的人本主义危机，东方文化重视的尊重、和谐、求同存异让奥林匹克运动和各类国际运动在现代化融合中成为真正意义上的全球认同。

4.2　20世纪亚洲体育的时代遗产

20世纪的亚洲体育认同呈现了亚洲共同体政治思想的动态进程。在历史、政治、地理上，亚洲本来具有对普遍性和差异性的独到见解，求同存异的思想基础成为构建亚洲普遍性的重要原理，而西方现代性思想主导的二元认识论将特异性视为普遍性，从而试图转化不同国家政治、历史、文化之间的差异，并再造一套抽象、模糊、流动的“普遍性”符号来替代原有的“民族-国家”认同。

亚洲体育的内部团结和反抗压迫，证明了20世纪的亚洲政治依托自主性的“民族-国家”认同完成了国家内部革命和初步的国际传播交流。但革命与后革命的连续性问题一直影响着亚洲的现代化，革命前的历史遗留问题和革命后国家社会的发展不再停留于单一的“民族-国家”认同叙事，而是与资本主义和社会主义、现代性和现代化发展结合，如此的特殊性造就了属于亚洲的“短20世纪”（1914年第一次世界大战爆发至1991年苏联解体）。“短20世纪”中的亚洲体育在历史情境阶段进行了有效的传播和斗争，将独立、多元、包容的亚洲思想传播到整个世界并引发了一系列社会运动。

当亚洲体育水平在20世纪中后期快速崛起时，西方国家在国际体育传播中制造锦标主义、兴奋剂问题、体育经济化等议题，解构体育政治化的价值，改变体育现代化发展的价值取向，从而保持西方现代性思想的优越性。在巴基斯坦、印度和斯里兰卡联合主办的第六届板球世界杯中，西方媒体在国际体育传播中主动将板球比赛和南亚区域冲突进行政治化绑定，从而分散积极的亚洲体育认同并加剧世界对南亚区域冲突的固有成见。

原本亚非拉国家在国际体育交流中践行奥林匹克价值的历史记忆在国际传播中被剥离了主体情境，被置于体育政治化的叙事冲突中，通过国际传播叙事的转换，颠倒成西方接纳东方参与全球体育运动的意象。在21世纪的国际传播中，许多亚洲国家受到历史思潮变动的影响怯于讲述自己的反帝反殖民的斗争史，以自身国家的个体政治需求替代了发展中国家横向间共有的政治发展目标。国际体育传播也受到体育社会化、体育职业化、体育商业化等不同因素的影响，不断重构国际体育发展的历史情境和叙事话语。

5 结语

在百年未有之大变局中，发展中国家开始逐渐跳出西方国家主导的国际传播体系所塑造的历史遮蔽和冲突陷阱。在国际传播中，中国率先以中国式现代化理论来回应时代化、全球化的发展议题和共同焦虑，尝试打破西方现代性思想的束缚，以中国特色社会主义现代化来正确叙述国家历史、亚洲历史和世界历史。当前加强国际体育传播工作的挑战艰巨复杂，研究和分析20世纪亚洲体育认同的历史动态，有助于打破线性传播历史观的垄断。依托20世纪的亚洲体育时代遗产对当下国际体育传播进行更全面充分的梳理和认识，有助于更好地开展和推进国际体育传播工作。

◎ 参考文献：

[1] 成田十次郎，马宣建. 亚洲体育史研究：当前的问题和对未来的展望[J]. 体育科学，1991（1）：89–91.

[2] GEMS G R，PFISTER G. From imperialism to globalization：the transfer of sport forms[J]. Asian journal of sport history & culture，2022，1（1）：1–20.

[3] KEYS B J. Globalizing sport[M]. Cambridge：Harvard University Press，2006.

[4] 潘华. 基督教青年会与20世纪初的东亚体育[J]. 体育文化导刊，2001（6）：51.

[5] RODEN D. Baseball and the quest for national dignity in Meiji Japan[J]. The American historical review，1980，85（3）：511-534.

[6] 任道. 国际体育运动中的新旗帜：新兴力量运动会[M]. 北京：人民体育出版社，1965.

[7] 吴潮. 亚运会与亚洲的地缘政治——兼论亚运会的可持续发展[J]. 体育科学，2006（12）：3–8.

[8] 孙相东. 地缘政治学的性质：思想史上的不同视角[J]. 当代世界与社会主义，2005（5）：70–74.

[9] 汪晖. 作为思想对象的二十世纪中国（下）——空间革命、横向时间与置换的政治[J]. 开放时代，2018（6）：56–78.

[10] 周振鹤. 中国历史政治地理十六讲[M]. 北京：中华书局，2013.

[11] WENNER L. Media sport [M]. London：Routlege，1998.

[12] 汪晖. 作为时空体的区域[J]. 学海，2022（2）：26–33.

[13] 阿里夫·德里克，王宁. 反历史的文化？寻找东亚认同的“西方”[J]. 文艺研究，2000（2）：139–149.

[14] 孙歌. 寻找亚洲：创造另一种认识世界的方式[M]. 贵阳：贵州人民出版社，2019.

[15] 汪晖. 现代中国思想的兴起[M]. 2版. 北京：生活·读书·新知三联书店，2008.

[16] 李元伟，任海. 论亚洲体育的复兴[J]. 体育科学，1996，16（3）：25–28.

[17] 汪晖，王中忱. 区域：第9辑[M]. 北京：社会科学文献出版社，2021.

[18] 郑先武. 东南亚早期区域合作：历史演进与规范建构[J]. 中国社会科学，2017（6）：187–204.

[19] 黄真，黎氏秋红. 东南亚在亚运会历史发展中的地位与战略[J]. 武汉体育学院学报，2009，43（12）：25–30.

[20] 祝莉，唐沛. 中国体育外交六十年：回顾与展望[J]. 体育文化导刊，2009（12）：140–145.

[21] HONG F，LU Z X. China，the Asian games and Asian politics（1974—2006）[J]. The international journal of the history of sport，2012，29（1）：98–112.

[22] 薛文婷，邢学波. 论《人民日报》亚运会报道中亚洲叙事的嬗变[J]. 北京体育大学学报，2011，34（11）：19–22.

[23] 尹卫星. 秋之决战：中国筹办亚运会纪实[M]. 北京：中国妇女出版社，1990.

[24] 伍绍祖，汪文庆. 回顾1990年北京亚运会[J]. 百年潮，2009（10）：29–35.

[25] 郑先武. 万隆会议与东南亚区域主义发展[J]. 世界经济与政治，2015（9）：31–58.

[26] 姜桂石. 全球化视野下的亚洲现代化[J]. 史学理论研究，2005（2）：87–95.

[27] 王向远. 东方近现代“共同历史”的中国建构[J]. 江海学刊，2021（4）：181–190.

[28] 刘波，韦庆峰，茹亚伟. “共有的历史”：体育史研究新范式及其对中国的启示[J]. 上海体育学院学报，2022，46（12）：10–21.

[29] 绽小霞. 奥运精神与东方体育文化的弘扬[J]. 青海民族学院学报（社会科学版）2007（1）：154–156.

[30] 汪晖. “亚洲的觉醒”时刻的革命与妥协——论中国“短20世纪”中的两个独特性[J]. 人民论坛·学术前沿，2012（17）：74–89.

作者贡献声明

朱虹旭：确定研究选题，收集整理资料，撰写论文第一、第四部分。

周庆安：设计研究思路，撰写论文第二、第三部分，修订论文。

不止于体育：中日韩奥运的国际报道效果对比研究*

毛侨章，巢乃鹏

（深圳大学，广东 深圳 518060）

◎ 作者简介

毛侨章：深圳大学传播学院硕士研究生。研究方向：计算传播、国际传播。

巢乃鹏：深圳大学传播学院院长，教授，博士生导师，国家社科基金重大项目“大数据时代计算传播学的理论、方法与应用研究”首席专家，在 *Telematics and Informatics*（《远程信息处理和信息学》）、*Environmental Communication*（《环境传播》）、*Information Processing & Management*（《信息处理与管理》）、《新闻大学》、《现代传播（中国传媒大学学报）》等 SSCI/CSSCI（社会科学引文索引/中文社会科学引文索引）期刊发表论文80余篇。研究方向：计算传播、新媒体与社会变迁。

摘　要：2018年平昌冬奥会、2020年东京奥运会与2022年北京冬奥会是接连举办的三场奥运会，吸引了国际媒体的诸多关注。本文研究发现，奥运会能显著提升主办城市的国际报道量、语调积极程度，这种效应在中日韩三国奥运的举办城市中均存在。但这种效应在国家层面上仅部分成立，即在日本、韩国背景中成立，在中国背景中小部分成立，这证实了国际媒体环境中存在对中国主体的报道偏见。通过细化国际媒体的关注议题，发现这种偏见的表现形式为在对中国的报道中，健康议题的报道量异常高于体育议题的报道量。

关键词：议程设置；奥运会；国际报道；对比研究

* 基金项目：2019年度国家社科基金重大项目“大数据时代计算传播学的理论、方法与应用研究”（课题编号：19ZDA324）。

大型体育赛事被视为是吸引游客、刺激经济发展的有效手段，因而吸引了许多国家争相申办。主办国会在体育赛事开始前进行一系列的投资来刺激本国的经济发展。除此之外，主办国还希望借体育赛事获得一定的关注度，吸引全世界媒体的注意，并从对该事件的积极报道中获益。这种想法也在研究中得到了证实，在大型竞技活动期间，人们对主办国的看法会受到媒体报道的影响。期间体育赛事和赛事主办城市之间的联系会增强，主办城市可以主动利用形象关联进行营销，改善自己的城市形象。

在诸多的体育赛事中，奥运会被认为是世界上最重要的体育赛事之一。作为规格最高的国际体育赛事，奥运会能够吸引全世界媒体和观众的关注，这给主办国和主办城市带来了巨大的媒体报道量。但作为一场面向亿万观众公开举办的体育大事件，赛事主办方必然难以完全满足所有观众的需求。这种矛盾会通过媒体反映出来：媒体对奥运会的报道是褒贬不一的。然而，从主办方的视角看，奥运会主办国和主办城市会受到全球媒体的关注，这便增强了他们以最佳方式展示自己国家和城市形象的期盼。主办方往往希望媒体宣传更广泛，将报道重点放在管理者改善主办国和主办城市的声誉和形象的努力上，而不是其他的负面问题上。

2008年北京奥运会正是这样一个范例，它在全世界产生了巨大的媒体影响。在国内，它被视作一场极其成功、无与伦比的盛会，它增强了民族凝聚力和民族自豪感；在国际上，此届盛会的成功举办，对外展现了中国强大的软实力，使中国的国际地位显著提高、知名度大增，使中国成为一个更具吸引力的旅游目的地，增强了游客对中国的正面印象。但媒体报道中也有许多不和谐的声音，在国际传播的过程中，不少媒体使用偏向负面的叙事框架，将议题转移到空气污染、食品安全等问题上。

进入新时代以来，中国在舆论场上的挑战未曾减少，这种困境也得到了国家层面的关注。2021年5月31日，习近平总书记在主持十九届中共中央政治局第三十次集体学习时强调，讲好中国故事，传播好中国声音，展示真实、立体、全面的中国，是加强我国国际传播能力建设的重要任务。而2022年北京冬奥会，无疑成为检验国际媒体报道视角的重要实践机会。对这一期间国际媒体的报道进行研究分析，可以为我国制定国际传播战略、回应国际媒体争议报道的机制提供新的参考依据，具有较高的现实价值。

作为对比，本文也将研究国际媒体对2018年平昌冬奥会、2020年东京奥运会的报道内容。2018年平昌冬奥会是韩国首届不在首都举办的奥运会，而2020年东京奥运会是日本自1964年东京奥运会后首次举办奥运会，同样也获得了各国人民的高度关注和热切期盼。中日韩的政治经济关系紧密，文化背景较为相似，且三届奥运会的相距时间较短，国际舆论环境变化相对较小，有较大的对比价值。

1 文献综述与假设提出

1.1 国家形象与城市形象传播

在过往的有关体育大事件的研究中，基本只在国家形象或只在城市形象层面进行研究，鲜少有对两者进行区分对比的。例如，Kobierecki等通过分析多次奥运会和世界杯期间的谷歌搜索指数发现，体育大事件提高了一个国家的知名度和熟悉度，为正面的国家形象传播创造了机会。而Ladhari等则是在城市层面上进行研究，发现奥运游客普遍对主办城市形象的评价分数较高，特别是在文化和自然环境维度上的评分较高。而对体育大事件的体验感知，会正向影响主办城市的体验感知、城市形象。

过往学者出于思维惯性，普遍认为体育大事件会对国家形象和城市形象有一定的提升作用。但事实上，国家形象与城市形象仍有不小的差别。以旅游决策为例，游客对于目的城市品牌形象的感知，往往与对该城市所在国家品牌形象的感知不同。城市品牌形象往往比一个国家的品牌形象更为局限，城市形象更为活泼、国际化，而国家形象则与标志性风景联系紧密。将视角落在奥运会上，这种差异依然存在。在入境主办国观赛的游客心目中，主办国和主办城市的形象是不同的，对国家品牌形象的感知难以影响到他们对主办城市品牌形象的感知。

另外，在品牌传播中，学界也会对国家形象和城市形象传播进行区分。目前，在我国的品牌传播研究中，国家形象传播和城市形象传播是两大具有代表性的研究主题。国家形象传播主要集中于宏观层面，更为关注传播的“道”，如国家整体形象、中国文化的传播策略等；而城市形象传播则有较多传播之“术”的研究，如城市需要差异化定位、与互联网思维相结合等形象传播与实际结合的方法。尽管两个研究领域有一定的差异，但也说明了城市形象和国家形象不能一概而论，需要较为切实可行的方式对传播效果进行衡量，这也是本文研究想要解决的问题。

综上所述，本文后续所提出的假设会区分城市形象和国家形象的主体，以探究体育大事件对两者的影响是否有所不同。

1.2 体育大事件与外国媒体关注

作为体育大事件的典型代表，奥运会被视作大规模的文化活动，它创造了一个独特的文化空间，以体育为媒介，提供了无与伦比的机会来消除文化的隔阂，促进集体和集体、集体和个人的联结。东道主可以利用举办国际性体育大事件的机会，将一个城市或国家置于世界舞台的中心位置，展示自己并提高自身的形象。

体育大事件也能在一定程度上改变媒体对外国主体关注较少的现象。新闻价值五要素中提到，有价值的新闻需要具有时效性、接近性、显著性、重要性和趣味性，并把受众的接受度作为衡量新闻价值的最高标准。在体育大事件的影响下，主办国和主办城市的新闻报道量会增加，新闻价值也会因此得到提升。例如，德国作为一个欧洲国家并不关注南美洲地区的新闻，2012—2015年的德国新闻引用最多的20个国家中没有一个是南美洲国家，但在2014年巴西世界杯和2016年里约热内卢奥运会举办期间，南美洲国家巴西受到了德国媒体的高度关注。

在历届奥运会举办期间，大多数主办国及主办城市吸引了全球大量媒体的关注，成为媒体报道的一个重要议题。有研究表明，在2016年里约热内卢奥运会期间，比利时和荷兰等国家对于主办城市里约热内卢的报道呈现爆发式增长的趋势。另外，据国际奥委会估计，媒体关于奥运会的报道具有多种媒体形式，至少触及了全球45亿观众。这种效应不仅存在于夏季奥运会，也存在于冬季奥运会。亦即，无论是从媒体对公共事件报道的责任视角，抑或是媒体基于获取更多受众的逐利视角，媒体均有充分的动机对奥运会及相关内容进行报道。因此，本文提出以下假设：

H1：奥运会期间，主办城市在国际媒体中的报道量会显著提升。

H2：奥运会期间，主办国在国际媒体中的报道量会显著提升。

1.3 属性议程设置

传统的议程设置理论认为，大众媒体不能决定公众是“怎么想”的，但可以决定公众“想什么”，即大众媒体通过强调新闻报道中重要的问题，来影响人们对该项议题重要性的看法。进一步的研究发现，大众媒体通过在描述问题或对象时强调某些属性或特征，可以将人们的注意力吸引到这些属性上。这些属性可以是积极的，也可以是消极的。当人们思考或谈论这些对象时，相应的属性在他们的脑海中就更为突出，从而影响人们对该对象的认知。这便是属性议程设置，也被称作是第二层的议程设置。

在以往西方媒体针对中国的报道中，积极属性和消极属性共同存在。积极属性相关的主题是经济和政治改革、经济交流和机构合作等，消极属性相关的主题是攻击我国经济的高速发展等。尽管不同的媒体强调不同的属性，但就数量而言，强调中国负面形象的文章多于强调中国正面形象的文章。正因为如此，中国形象的国际传播得到了国家层面的关注，借助体育大事件的契机来传播中国形象也是可行之道。

在奥运会的媒体报道中，对于主办国和主办城市的属性倾向也尤为重要。尽管奥运会是一项全球性的赛事，但大多数的观众无法到达主办城市亲自观赛，观众与赛事之间存在一定的感知距离，观众只能通过媒体的报道形成对主办方的认知。观众更多的是从媒体所营造的拟态环境中感知赛事，因此媒体报道的内容、报道的方式对观众的看法具有较强的影响力。本文所研究的奥运会中，2022年北京冬奥会和2020年东京奥运会限制了外国观众的观赛，国际媒体的报道基调对各国人民对于主办国和主办城市形象的认知产生了更大的影响。

体育已经成为城市日常生活的一个重要组成部分，“更快、更高、更强——更团结”的奥林匹克格言也早已深入人心，因此举办国际体育赛事能让人们感觉一个城市是现代的、友好的和充满活力的。在媒体的报道中，更有可能强调主办国和主办城市的积极属性。因此，本文提出以下假设：

H3：奥运会期间，主办城市在国际媒体中的报道语调积极程度会显著提升。

H4：奥运会期间，主办国在国际媒体中的报道语调积极程度会显著提升。

1.4 议程博弈与议题显著度

每时每刻，国际上都会发生许多或大或小的事件。然而，新闻媒体受其资源的限制，并不会对全部事件进行报道，而是会将报道内容聚焦到其认为有新闻价值的地方。大众媒体在生产和发布议题方面的能力有限，使新闻话题之间产生了竞争，任何得到关注的话题必然会挤压媒体对其他话题的报道。从议程博弈的观点出发，议程设置可以被理解为是一个“零和游戏”，即其中一个议题在公共议程上的上升是以其他议题的降低为代价的。这种竞争现象不仅存在于传统的、受限的媒体环境中，也存在于新闻资源更为丰富的社会化的媒体环境中。

因此，如果对任何单一议题的关注水平感兴趣，我们需要考虑在整个议程中该议题的显著性。议题的显著性衡量了媒体对一个问题的关注程度，通常会被概念化为媒体对此议题的报道量。当媒体报道聚集于某一两个问题时，也预示着媒体所报道问题的重要性。一个形象的例子是：当晚间新闻只涵盖一个问题时，往往意味着这个议题极为重要，也往往潜藏着危机。公众也能感受到媒体的这种报道倾向，从而做出自己的行为反应。例如，在经济危机期间，对经济话题的强调会影响投资者的信心。

依此逻辑，在奥运会举办期间，媒体针对主办国和主办城市的新闻报道，应该更为聚焦奥运会这个体育大事件，从而增强主办国和主办城市奥运议题的显著性。基于此，本文研究想要了解：

Q1：奥运会举办期间，各议题在主办城市议程中的显著性是怎样的?

Q2：奥运会举办期间，各议题在主办国议程中的显著性是怎样的?

2 数据与方法

本文将使用GDELT数据库的数据。GDELT数据库由谷歌公司开发，获取了世界范围内的新闻媒体数据，并由机器自动编码。它具有数据来源广、时间序列长、更新速度快等特点。该数据库会输出针对具体关键词的报道量和语调，并将其量化成具体数值。对应维度的得分越高，则代表对应关键词的报道量越多、语调越强烈。该数据库还会对文章的倾向进行判断，因此语调的得分有正负之分。本文研究以“Beijing”“Tokyo”“Pyeongchang”“China”“Japan”“Korea”作为代表关键词，检索出非本国媒体的英文报道数据。基于数据结果，以天为跨度，研究在奥运会前期、奥运会中期、奥运会后期，非本国媒体对奥运会主办城市、主办国的报道量、语调的积极程度是否有显著变化。

为了对比奥运会期间重大议题的报道量，本文研究参考彭泰权等关于美国社会最重要议题的划分，以及奥运会时期体育话题的热度，选定了四个主要议题：政治、经济、健康、体育，并使用具有代表性的关键词进行检索。这一过程参考彭泰权等所提供的带有上千个关键词的议题词汇表，并依照本文研究的时效性，择优在GDELT数据库中进行检索，最终对比选取出“System”（系统）、“Economy”（经济）、“Covid”（冠状病毒）、“Olympic”（奥林匹克）四个关键词为代表检索词，采用“地点+检索词”的方式进行检索对比。之所以选用单一检索词而不是多个检索词的组合，是因为同一方向的不同检索词所搜索出的结果会有重叠，而采用单一检索词所得出的结果经过检验已经具有较大的报道量占比，具有代表性。需要注意的是，由于同一篇报道可能涉及多个议题，因此数据占比相加求和并没有实际意义。另外，由于2018年平昌冬奥会距离其余两届奥运会时间较远，且当时并没有暴发新型冠状病毒感染疫情（后文简称“新冠疫情”），现实环境差异较大，故没有进行显著性的对比分析。

由于2018年平昌冬奥会、2020年东京奥运会和2022年北京冬奥会均举办了17天，因此本文以奥运会开幕时间和闭幕时间为节点，17天为一个区间段，对数据进行采集。2018年平昌冬奥会的前期、中期、后期的时间段分别为2018年的1月23日—2月8日、2月9日—25日和2月26日—3月14日，2020年东京奥运会的前期、中期、后期的时间段分别为2021年的7月6日—22日、7月23日—8月8日和8月9日—25日，2022年北京冬奥会的前期、中期、后期的时间段分别为2022年的1月18日—2月3日、2月4日—20日和2月21日—3月9日。

3 结果

3.1 报道量对比

表1显示，2022年北京冬奥会中期主办城市的报道量（*M*=1.25，*SD*=0.36）显著高于前期（*M*=0.61，*SD*=0.15）和后期（*M*=0.60，*SD*=0.14）的报道量。2022年北京冬奥会主办城市前期和后期的报道量则无显著差异。

2020年东京奥运会中期主办城市的报道量（*M*=2.18，*SD*=0.43）显著高于前期（*M*=0.88，*SD*=0.33）的报道量，而前期的报道量又显著高于后期（*M*=0.58，*SD*=0.17）的报道量，呈现一定的层级区别。而2018年平昌冬奥会中期主办城市的报道量（*M*=1.10，*SD*=0.31）也与前期（*M*=0.28，*SD*=0.23）和后期（*M*=0.22，*SD*=0.14）的报道量有显著差异。

在三场赛事中，奥运会中期主办城市的媒体报道量均高于各主办城市的平均报道量，奥运会前期和后期主办城市的媒体报道量均低于各主办城市的平均报道量，说明奥运会赛事的话题吸引力较明显。三个主办城市的结果均支持了假设H1。

然而，2022年北京冬奥会中期主办国的报道量（*M*=1.86，*SD*=0.41）与前期（*M*=1.71，*SD*=0.26）和后期（*M*=1.89，*SD*=0.27）的报道量相比没有显著差异。表明奥运会期间针对中国的报道量并没有明显的变化。

作为对比，2020年东京奥运会中期主办国的报道量（*M*=1.41，*SD*=0.22）显著高于前期（*M*=1.09，*SD*=0.23）和后期（*M*=0.95，*SD*=0.16）的报道量。表明针对日本的报道量在奥运会期间有明显的增长。2018年平昌冬奥会中期主办国的报道量（*M*=1.28，*SD*=0.32）与前期（*M*=0.69，*SD*=0.24）和后期（*M*=0.79，*SD*=0.35）的报道量也有显著差异，两者结论均支持假设H2。

三个结果对比表明，奥运会对主办国的报道量提升存在国别差异，H2在中国情景中未得到验证，但在日本、韩国情景中均得到了验证。

结果表明，冬季奥运会作为体育大事件的一种典型代表，尽管关注度和热度可能不及夏季奥运会，但仍能显著提升主办城市和主办国的国际媒体报道量。2022年北京冬奥会、2020年东京奥运会、2018年平昌冬奥会三届奥运会中的报道量差异并不能从夏奥、冬奥存在差异的视角进行解释，更有可能是国际媒体对不同国家的报道偏好所致。

表1　三届奥运会前、中、后期相关主体报道量对比

		奥运会前期（1）		奥运会中期（2）		奥运会后期（3）		平均报道量	ANOVA及事后检验
		平均数（*M*）	标准差（*SD*）	平均数（*M*）	标准差（*SD*）	平均数（*M*）	标准差（*SD*）		
主办城市	北京	0.61	0.15	1.25	0.36	0.60	0.14	0.82	2>1，2>3 F=41.71，P=0.000
	东京	0.88	0.33	2.18	0.43	0.58	0.17	1.21	2>1>3 F=115.46，P=0.000
	平昌	0.28	0.23	1.10	0.31	0.22	0.14	0.53	2>1，2>3 F=75.49，P=0.000
主办国	中国	1.71	0.26	1.86	0.41	1.89	0.27	1.82	3>2>1 F=1.45，P=0.246
	日本	1.09	0.23	1.41	0.22	0.95	0.16	1.15	2>1，2>3 F=22.20，P=0.000
	韩国	0.69	0.24	1.28	0.32	0.79	0.35	0.92	2>1，2>3 F=18.27，P=0.000

注："ANOVA及事后检验"列中值对比仅展现显著结果。

3.2　报道语调对比

表2显示，2022年北京冬奥会中期主办城市的报道语调积极程度（M=−0.33，SD=0.44）显著高于前期（M=−1.36，SD=0.51）的报道语调积极程度，而前期的报道语调积极程度又显著高于后期（M=−2.04，SD=0.71）的报道语调积极程度。展现出"中−高−低"的情感趋向，表明在2022年北京冬奥会结束后，针对主办城市北京的报道语调积极程度不升反降。

2020年东京奥运会中期主办城市的报道语调积极程度（M=0.28，SD=0.43）显著高于后期（M=−0.47，SD=0.57）的报道语调积极程度，而后期的报道语调积极程度又显著高于前期（M=−0.95，SD=0.37）的语调积极程度。展现出"低−高−中"的情感趋向，表明在2020年东京奥运会结束后，针对主办城市东京的报道语调较前期更为积极，赛事的带动效应明显。尽管模式有所不同，但两项结果均共同验证了假设H3。

2018年平昌冬奥会中期主办城市的报道语调积极程度（M=0.39，SD=0.27）与前期（M=−0.21，SD=0.53）和后期（M=−0.12，SD=0.53）的报道语调积极程度也存在显著差异，再次支持假设H3。

针对主办国而言，2022年北京冬奥会前期（*M*=–1.03，*SD*=0.39）、中期（*M*=–0.79，*SD*=0.44）主办国的报道语调积极程度，均高于后期（*M*=–2.06，*SD*=0.54）的报道语调积极程度。而前期和中期并没有显著差异。结果表明，2022年北京冬奥会期间，针对中国的报道语调在冬奥会闭幕后出现“断崖式”下跌的情况。

作为对比，2020年东京奥运会中期主办国的报道语调积极程度（*M*=0.25，*SD*=0.42）显著高于前期（*M*=–0.65，*SD*=0.32）和后期（*M*=–0.67，*SD*=0.54）的报道语调积极程度。表明2020年东京奥运会对主办国日本的报道语调具有积极影响，符合理论预测的方向。2018年平昌冬奥会中期主办国的报道语调积极程度（*M*=0.07，*SD*=0.26）与前期（*M*=–1.18，*SD*=0.53）和后期（*M*=–0.92，*SD*=0.40）的报道量有显著差异，再次支持假设H4。假设H4在中国情景中仅有部分得到验证，但在日本、韩国情景中均得到了全部验证。

从总体上看，国际媒体对于中日韩三个国家的报道语调以负面为主。但在三个国家之中，只有中国主体在奥运会前、中、后期均没有获得正向的报道语调。

表2　三届奥运会前、中、后期相关主体报道语调积极程度对比

		奥运会前期（1）		奥运会中期（2）		奥运会后期（3）		平均报道语调积极程度	ANOVA及事后检验
		平均数（*M*）	标准差（*SD*）	平均数（*M*）	标准差（*SD*）	平均数（*M*）	标准差（*SD*）		
主办城市	北京	–1.36	0.51	–0.33	0.44	–2.04	0.71	–1.24	2>1>3 *F*=39.33，*P*=0.000
	东京	–0.95	0.37	0.28	0.43	–0.47	0.57	–0.38	2>3>1 *F*=30.80，*P*=0.000
	平昌	–0.21	0.53	0.39	0.27	–0.12	0.53	0.02	2>1，2>3 *F*=8.47，*P*=0.001
主办国	中国	–1.03	0.39	–0.79	0.44	–2.06	0.54	–1.29	1>3，2>3 *F*=36.05，*P*=0.000
	日本	–0.65	0.32	0.25	0.42	–0.67	0.54	–0.43	2>1，2>3 *F*=13.92，*P*=0.000
	韩国	–1.18	0.53	0.07	0.26	–0.92	0.40	–0.67	2>1，2>3 *F*=43.11，*P*=0.000

注：“ANOVA及事后检验”列中值对比仅展现显著结果。

3.3　奥运议题显著度分析

由表3可知，对2022年北京冬奥会和2020年东京奥运会前、中、后期各议题的占比情况进行分析可以发现，主办城市北京和东京、主办国中国和日本的议程均有较为相似的变化趋势。即大体上，奥运会中期与前期相比，奥运会议题的占比提升，显著度增加；其他议题的占比减少，显著度降低。奥运会后期与中期相比，奥运会议题的占比减少，显著度降低；其他议题的占比提升，显著度增加。较为特殊的是政治议题，虽然报道的比例较小，但伴随着奥运会的举办，各个新闻媒体对于各主体的政治议题关注度都在提高。由于2018年平昌冬奥会举办时并没有暴发新冠疫情，因此本节的分析不设2018年平昌冬奥会的对照组。

从总体来看，在奥运会期间，健康、体育议题的讨论较多，政治、经济议题的讨论相对较少，但也有一定的报道量。2022年北京冬奥会和2020年东京奥运会都受到了新冠疫情的巨大影响，奥运会的管控加强，观众尤其是国外观众难以在现场观赛，这种影响也体现在关于健康议题的讨论中。针对中国主体的报道，健康议题的报道量始终高于体育议题的报道量。且在2022年北京冬奥会的前期和后期，体育议题的报道量占比甚至不足10%。很显然，在2022年北京冬奥会举办期间，针对中国的体育议题报道被弱化了，相比之下，健康议题则被强化了。

表3　2022年北京冬奥会和2020年东京奥运会前、中、后期各议题报道量占比情况

议题主体		议题类型	奥运会前期占比/%	奥运会中期占比/%	奥运会后期占比/%
主办城市	北京	政治	17.6	11.5	26.9
		经济	18.8	7.1	27.5
		健康	37.8	25.3	19.8
		体育	35.6	63.0	18.2
	东京	政治	10.9	6.6	13.2
		经济	10.3	4.2	12.9
		健康	50.2	26.3	36.3
		体育	59.2	73.3	36.6
主办国	中国	政治	17.5	14.4	24.2
		经济	19.2	14.3	26.5
		健康	35.8	30.3	22.9
		体育	9.1	22.1	4.4
	日本	政治	14.0	11.5	13.8
		经济	13.2	9.4	14.2
		健康	50.9	37.4	40.9
		体育	30.1	50.4	9.2

注：同一篇报道可能涉及多个议题。

对各个主体的报道量占比进行对比，可以得到各议题主体不同时期的最高显著度议题，如表4所示。对比表格各列发现，只有中国主体在奥运会中期的最高显著度议题不是体育议题，而是健康议题。另外，只有东京主体在奥运会前期的最高显著度议题是体育议题，而不是健康议题。且东京主体在对应的三个时期的体育议题均为最高显著度议题，体现了国际媒体对于2020年东京奥运会的高关注度。

表4　2022年北京冬奥会和2020年东京奥运会各议题主体不同时期的最高显著度议题

议题主体		奥运会前期	奥运会中期	奥运会后期
主办城市	北京	健康	体育	经济
	东京	体育	体育	体育
主办国	中国	健康	健康	经济
	日本	健康	体育	健康

中国议题及北京议题主体在奥运会后期的报道议题则以经济议题为主。作为世界第二大经济体和制造业大国，中国的经济动向对世界的影响极大，因而国际媒体对于中国的经济情况普遍较为关注。与之相类似的是奥运会后期中国的政治议题的报道量提升，且政治议题的报道比例提升百分比和经济议题的报道比例提升百分比的差值较小（表3）。表明在2022年北京冬奥会结束后，国际媒体在关注中国的经济议题的同时，也一并关注中国的政治议题。

4　讨论

作为一项举世瞩目的体育大事件，奥运会吸引着全世界的关注，也影响着国际媒体的报道议程。在奥运会举办期间，主办城市、主办国的媒体报道量、语调积极程度均得到了一定程度的提升。与前人的研究相似，本文研究也证实了这种效果是短期的，是伴随着赛事而产生的，并不会产生长期效应。在大众传播中，受众的关注目光变化极快。伴随着赛事的落幕，对于主办城市、主办国的关注度也就随之减弱，大众会转向关注其他更有吸引力的内容。与之相对的是，近年来因举办体育大事件而致城市负债的各种案例频现。因此，国家与城市在做出决策前，需要做好权衡，即为了短期的“媒体兴奋剂”而投入大量的人力物力举办此类赛事是否值得。

体育大事件对于媒体报道的促进作用在城市层面有更为充足的验证，本文提出的与主办城市相关的两个假设（H1、H3）在针对北京和东京两个城市的报道中均得到了验证。这与媒体的报道习惯有关，城市名已经成为区分各届奥运会的显著标志。例如，媒体和观众会更倾向于称呼“2022年北京冬奥会”而不是“第二十四届冬季奥林匹克运动会”。奥运会这个赛事已经与城市品牌紧紧融合在一起，成为一个独特的记忆标签。

然而，该促进效果却存在明显的国别差异。具体而言，在日本、韩国情景中，H2、H4均得到验证，而在中国情景中，对应的假设均未得到验证。这证实了，在以西方媒体为主流的国际媒体环境中，存在着对中国的整体性偏见。日本、韩国虽然同为东亚国家，但在意识形态和社会体制上更为“西化”，在国际媒体的报道方面并未有相应的影响。近年来，西方学者提出了“体育洗白”的概念，将部分国家举办大型体育赛事的行为污名化，并将体育赛事政治化。这种思潮在一定程度上也对国际媒体报道产生了影响，导致国际媒体对非西方传统体育势力地区的媒体报道偏离了体育内容本身，使关注焦点变得模糊。这也说明，在百年未有之大变局下，以中国作为主体，讲好中国故事、做好对外传播，已经是一个迫在眉睫的任务。

城市层面结果与国家层面结果的差异也表明，城市与国家的形象仍有一定的差异。在本文的样例中，对于北京的报道偏见并不是大水漫灌式的、全方位的，而更多的是针对“中国”，即“China”这一国家主体的。因此，在之后的国际传播实践中，我国可以多尝试使用城市主体进行宣传，用以回避或削弱对国家整体的污名化。

通过细化国际媒体的关注议题可以发现，国际媒体这种偏见的表现形式为：对中国的报道中，新冠疫情主题的报道量异常高于奥运会主题的报道量。西方媒体利用其在国际媒体中的影响力，转移了国际媒体对中国主体的关注点。

虽然在大众普遍的认知中，夏季奥运会比冬季奥运会更为吸引观众的注意力，但在媒体报道的分时期对比中，这种差异并不明显。本文研究2018年平昌冬奥会的报道数据同样也印证了这一点。这是由于冬季奥运会也是一种具有众多参赛国、拥有高关注度的国际赛事。尽管冬季奥运会的关注度不及夏季奥运会，但冬季奥运会本身对媒体报道的刺激作用已经足够强烈。以2018年平昌冬奥会媒体报道情况作为对照组，更加凸显了国际媒体对中国主体报道的异常。

本文研究的贡献有如下几点：(1) 研究方法。现有的国际传播研究以定性研究为主，主要以思辨的方式提出国际传播的策略；而其余的量化研究以描述性统计为主，主要分析某个涉华事件的国际媒体报道量、框架。本文基于假说演绎的思路进行传播效果研究，在过往的国际传播研究中较为少见，属于视角上的创新。(2) 研究思路。过往较多国际传播研究是基于国际媒体对中国报道"有偏见"这一立场展开分析的，而本文是基于国际媒体对中国报道"无偏见"这一立场提出的假设。(3) 理论应用。本文以议程设置为理论基础，部分验证了相应的假设，拓宽了理论的现实应用范围。

当然，本文研究亦有相应的不足：(1) 本文研究采用了GDELT数据库的数据，并没有自行爬取对应媒体的数据进行验证，结果可能会由于GDELT数据库自身的度量方式而产生偏差，且难以对GDELT数据库的内容进行更深层次的分析，后续可以由研究者自行爬取数据并分析主题及对应情感偏向。(2) 本文研究仅揭示了国际媒体存在对于中国主体内容的报道偏差，但并未揭示报道的主要来源、报道的具体框架，这些可以在后续的研究中加以验证。

◎ 参考文献：

[1] FOURIE J，GALLEGO M S. The impact of mega-sport events on tourist arrivals[J]. Tourism management，2011，32（6）：1364-1370.

[2] GIFFARD C A，RIVENBURGH N K. News agencies，national images， and global media events[J]. Journalism & mass communication quarterly，2000，77（1）：8-21.

[3] LEPP A，GIBSON H J. Reimaging a nation：South Africa and the 2010 FIFA World Cup[J]. Journal of sport & tourism，2011，16（3）：211-230.

[4] HALLMANN K，BREUER C. Image fit between sport events and their hosting destinations from an active sport tourist perspective and its impact on future behaviour[J]. Journal of sport & tourism，2010，15（3）：215-237.

[5] ESSEX S，CHALKLEY B. Olympic games：catalyst of urban change[J]. Leisure

studies，1998，17（3）：187–206.
[6] 胡百精，安若辰. 认知落差、媒体叙事与冬奥会的全球想象[J]. 上海体育学院学报，2020，44（1）：31–38.
[7] LI X，KAPLANIDOU K. The impact of the 2008 Beijing Olympic Games on China's destination brand：A U. S. –based examination[J]. Journal of hospitality & tourism research，2011，37（2）：237–261.
[8] ECONOMY E C，SEGAL A. China's Olympic nightmare：what the games mean for Beijing's future[J]. Foreign affairs，2008，87（4）：47–56.
[9] BUCHMEIER Y. Protecting the people，or the Olympics? Agenda–cutting of the COVID–19 risk in the news coverage of Japan's public broadcaster[J]. Media，culture & society，2022，44（6）：1132–1148.
[10] KOBIERECKI M M，STROŻEK P. Sports mega–events and shaping the international image of states：how hosting the Olympic Games and FIFA World Cups affects interest in host nations[J]. International politics，2021，58（4）：49–70.
[11] LADHARI R，SOUIDEN N. The role of mega–sports event experience and host city experience in explaining enjoyment，city image，and behavioral intentions[J]. Journal of travel & tourism marketing，2020，37（4）：460–478.
[12] GRATTON C，PREUSS H. Maximizing Olympic impacts by building up legacies[J]. The international journal of the history of sport，2008，25（14）：1922–1938.
[13] SKINNER H. Business tourists' perceptions of nation brands and capital city brands：a comparison between Dublin/Republic of Ireland，and Cardiff/Wales[J]. Journal of marketing management，2017，33（9-10）：817–834.
[14] 姚曦，李娜. 中国品牌传播研究的学科知识可视化分析[J]. 现代传播（中国传媒大学学报），2018，40（5）：116–122.
[15] 郝雨. 回归本义的"新闻价值"研究[J]. 上海大学学报（社会科学版），2006（6）：69–74.
[16] SCHALLHORN C. Samba，sun and social issues：how the 2014 FIFA World Cup and the 2016 Rio Olympics changed perceptions of Germans about Brazil[J]. International review for the sociology of sport，2020，55（5）：603–622.
[17] BROUCKE S V，GATO L G. Contesting the brand：a media analysis of the image

of Rio de Janeiro as host of the 2016 Summer Olympics in Dutch language newspapers[J]. European journal for sport and society，2018，15（3）：268–287.

[18] LISS A. Images of China in the American print media：a survey from 2000 to 2002[J]. Journal of contemporary China，2003，12（35）：299–318.

[19] BILANDZIC H. The perception of distance in the cultivation process：a theoretical consideration of the relationship between television content，processing experience，and perceived distance[J]. Communication theory，2006，16（3）：333–355.

[20] KARP D A，YOELS W C. Sport and urban life[J]. Journal of sport and social issues，1990，14（2）：77–102.

[21] TAN Y，MA S M. Effect of sports sponsorship on building international media agenda：a study of the international news coverage of the 2009 Kaohsiung World Games[J]. Chinese journal of communication，2013，6（2）：240–256.

[22] ZHU J H. Issue competition and attention distraction：a zero–sum theory of agenda–setting[J]. Journalism & mass communication quarterly，1992，69（4）：825–836.

[23] JANG M S, PARK Y J. Redirecting the focus of the agenda：testing the zero–sum dynamics of media attention in news and user–generated media[J]. International journal of communication，2017（11）：3998–4017.

[24] MUSCHERT G W，CARR D. Media salience and frame changing across events：coverage of nine school shootings，1997–2001[J]. Journalism & mass communication quarterly，2006，83（4），747–766.

[25] KLEINNIJENHUIS J，SCHULTZ F，OEGEMA D. Frame complexity and the financial crisis：A comparison of the United States，the United Kingdom，and Germany in the period 2007–2012[J]. Journal of communication，2015，65（1）：1–23.

[26] 漆林，秦昆，罗萍，等. 基于GDELT新闻数据的冲突强度定量表达及冲突事件检测研究[J]. 地球信息科学学报，2021，23（11）：1956–1970.

[27] TASCI A，HAHM J，TERRY D B. A longitudinal study of Olympic Games' impact on the image of a host country[J]. Journal of travel & tourism marketing，2019，36（4）：443–457.

[28] 魏伟. "体育洗白"污名化：解构当代体育西方中心主义的新形态[J]. 北京体育大学学报，2023，46（6）：1–16.

[29] PENG T Q，SUN G D，WU Y C. Interplay between public attention and public emotion toward multiple social issues on twitter[J]. Plos one，2017，12（1）：e0167896.

作者贡献声明

毛侨章：提出选题、设计框架、收集数据、撰写论文。

巢乃鹏：修正选题、修订论文。

互动仪式链视角下2022年北京冬奥会在新媒体平台中的数字营销研究

吕涵潇，高　航，李珍晖

（中国传媒大学，北京 100024）

◎ 作者简介

吕涵潇：中国传媒大学经济与管理学院硕士研究生。研究方向：传媒经济、智能融媒体经营与管理。

高　航：中国传媒大学经济与管理学院硕士研究生。研究方向：传媒经济、智能融媒体经营与管理。

李珍晖：中国传媒大学经济与管理学院副院长，教授，中国新闻史学会传媒经济与管理研究委员会常务理事。研究方向：传媒经济、媒体企业管理、传媒教育。

摘　要：2022年北京冬奥会作为我国“十四五”初期举办的重大标志性活动，身兼政治价值、文化价值、经济价值等多重价值。本文基于微博、抖音、央视频等新媒体平台的营销特点，采用兰德尔·柯林斯的互动仪式链理论，分析2022年北京冬奥会在新媒体平台上的基本营销机制，发现了冬奥营销通过互动凝聚网民群体，形成了情感能量，营造了冬奥氛围，带动了民众冰雪运动的消费热情，其背后蕴含的文化内涵和国家力量唤起了民族自豪感。最后本文根据营销效益对未来的赛事运营提出了优化建议。

关键词：2022年北京冬奥会；互动仪式链；数字营销

近年来，重大体育赛事的举办和播出促进了体育市场蓬勃发展，社交媒体上对欧洲杯、世界杯、奥运会的讨论热度居高不下。奥运会作为国际性的体育盛会向全世界人民传递奥林匹克精神，参会的奥运健儿们为国争光，彰显运动之美和拼搏精神，唤起了国民的自豪感。与此同时，体育相关产业也获得了可观的红利，体育明星的影响力也在逐步扩大。2022年北京冬奥会在我国社交媒体上的传播证明了国际性的体育赛事对于中国塑造国际形象，推广体育运动以及带动体育消费层面的价值。

2022年北京冬奥会是中国历经多年筹备后举办的重大标志性活动。2016年5月5日，由国家体育总局发布施行的《体育发展“十三五”规划》中明确提出，以筹办2022年北京冬奥会为契机，推动冬季运动发展。2018年9月5日，国家体育总局颁布实施的《“带动三亿人参与冰雪运动”实施纲要（2018—2022年）》提出，大力推广普及群众性冰雪运动，助力建设“健康中国”，奋力实现“带动三亿人参与冰雪运动”目标。2021年1月18日至20日，习近平总书记在北京、河北考察并主持召开北京2022年冬奥会和冬残奥会筹办工作汇报会时强调，办好北京冬奥会、冬残奥会是党和国家的一件大事，是我们对国际社会的庄严承诺。

2022年北京冬奥会除了承担中国国际形象塑造和冰雪运动推广的责任外，同时也是“双循环”新发展格局下，带动未来体育冰雪产业发展的新契机。构建“双循环”新发展格局，是新经济时代下中国特色社会主义建设现代化国家的重要战略举措，“双循环”新发展格局的基础和核心就是强调以国内经济的大循环为政策主体，带动国内、国际双循环相互促进。2022年北京冬奥会作为在中国举办的国际性赛事，拥有政治、文化、经济等多重社会功能，能挖掘成为中国经济的一个新增长点。综上所述，2022年北京冬奥会不仅仅是大型国际赛事，更可以作为一个品牌形象起到彰显中国国际形象、宣传中国传统文化魅力、带动中国经济增长的作用。

2022年北京冬奥会以“简约、安全、精彩”为办赛要求。受新冠疫情的影响，互联网平台的线上传播渠道担负了塑造2022年北京冬奥会品牌的主要责任。事实证明，2022年北京冬奥会的新媒体营销取得了巨大的成功，2022年10月20日，国际奥委会发布的《北京冬奥会市场营销报告》显示，共有创纪录的20.1亿人通过广播电视和数字平台观看了2022年北京冬奥会，比4年前的2018年平昌冬奥会观看人数增长了5%，这是有史以来数字化参与程度最高的一届冬奥会。本文的研究对象为2022年北京冬奥会在新媒体平台中的数字营销，通过对多个新媒体平台“2022年北京冬奥会”相关内容传播进行参与式观察，参考互动仪式链理论，探究新媒体平台中冬奥营销的新亮点。

1 文献综述

1.1 奥运会传播文献综述

奥运会是展示国家精神的政治舞台，自2008年北京奥运会以来的奥运会相关文献比较丰富，这些文献主要集中于传统媒体和网络媒体的赛事报道，较少对奥运会进行品牌营销分析。在传统媒体报道方面，李中文针对《人民日报》对2012年伦敦奥运会的报道进行研究，认为《人民日报》及时地设置专刊评论，发挥了舆论导向作用。在新媒体报道方面，阎莉萍、王凯研究腾讯网关于伦敦奥运会的报道发现，社交媒体在奥运会传播中日益崛起，奥运会通过网络这一渠道实现了全方位、全媒体、全景式的报道。陈镜如、李金宝认为2016年里约热内卢奥运会的报道以新媒体作为报道的突破口与创新点，体现了独家全媒体转播报道的优势。这些研究可以看出新媒体平台正在日益成为重大体育赛事传播的主要途径。

1.2 新媒体平台上的数字营销文献综述

数字营销是区别于传统营销的新型手段，品牌借助互联网这一新兴媒介进行宣传，能取得更大的传播效果。沈虹提到在数字营销传播平台上，自有媒体、付费媒体和可挣取媒体（赢得媒体）可以形成互补的立体化传播效应，实现品牌从不同角度与消费者进行互动的效果。姚曦、秦雪冰认为数字营销的本质是基于虚拟实践的营销，数字营销重视消费者的虚拟体验，数字营销中创意与传播、传播与营销一体化。张世涛指出在进行社会化营销时要注重社会责任，重视在消费者体验下实现品牌和内容的高度融合。方冰在研究社会化媒体营销中总结出品牌内容传播发展模型，认为品牌内容传播、品牌接触点传播、意见领袖、议程设置和效果评估是品牌在社会化媒体传播中的五个关键点。

这些学者都强调社会化媒体在当代营销中的作用，认为品牌能够通过互联网这一媒介充分与消费者进行互动而达到良好的传播效果。本文将2022年北京冬奥会在互联网中的宣传推广视为整体品牌形象的打造，因此数字营销的理论富有参考价值。

1.3 互动仪式链文献综述

1975年，美国文化历史学家詹姆斯·W. 凯瑞提出“传播是仪式”这一观点，认为传播是“一种以团体或共同体的身份把人们吸引到一起的神圣典礼”。在此基础上，美国社会学家兰德尔·柯林斯提出了互动仪式链理论。所谓互动仪式链是指由无数发生于特定空间中的互动仪式联结而成的链状结构。柯林斯认为人们之间每一次的互动都是一种仪式，互动双方不断投入情感产生情感连带，这种情感不断积聚放大成为一种驱动力，促进人机互动中的“仪式团结”。根据柯林斯的理论，互动仪式启动的前提是聚集在场的群体团结和边界设置，过程中重要的是共同的关注焦点和共享的情感联结，个体在互动中的情绪体验产生的“情感能量”对于互动仪式有重要意义。最终互动仪式会导致四个结果：参与互动仪式的群体成员产生群体团结、个体的情感能量、代表群体的符号和道德感。

新媒体为当代网民进行互动提供了平台，广大网民能在平台上获取2022年北京冬奥会的信息，各种各样的信息会促使个人产生情感能量，群体产生情感联结，在情感这一驱动力下，产生对2022年北京冬奥会这一品牌形象的高度认可，形成一股强大的网络凝聚力，从而带动一系列“冬奥热点事件”“冬奥消费”的发生。

2 2022年北京冬奥会新媒体平台上的互动特征

互动仪式链的基础和核心是互动仪式，组成要素是群体的聚集、对局外人设限、共同关注的焦点和共享的情感联结。这个仪式不是依靠程式化的行动得以推行的正式仪式，而是融入人们生活的自然仪式。新媒体平台已经成为当代人生活中不可缺少的沟通渠道，新媒体平台上面的信息传播能带给人情感波动，因此，网友通过线上形式参与冬奥话题属于传播仪式的一部分。

2.1 多平台扩大网络空间的虚拟在场

柯林斯的互动仪式链理论认为“群体的聚集”是互动仪式启动的前提条件，认为行动者在同一场合通过在场聚集产生互动，从而进行情感联结等。随着互联网技术的发展，当代民众无须亲临现场面对面来实现互动，微博、抖音、央视频等新媒体平台为当代民众搭建了“虚拟在场”的互动空间。2022年北京冬奥会是一个社会热点话题，各大社交平台都能看到冰雪奥运的身影，根据第50次《中国互联网络发展状况统计报告》，中国网民已经达到10.51亿。2022年北京冬奥会利用多平台刺激网络空间的用户在场互动，具有传播广泛性，达到了“全民奥运”的传播效果。

新媒体平台的互动特点在于民众拥有更大的主动性，微博设置了多个冬奥话题来鼓励网友进行互动，如“冬奥加油季”“晒微笑　迎冬奥”“冬奥冲锋号”“一人一句祝福北京冬奥会”等。这类话题发布后借助官方的宣传以及明星的引流，吸引了广大网友积极参与，线上助力2022年北京冬奥会。以人民日报官方微博为例，在2022年北京冬奥会倒计时100天之际，人民日报官方微博发起“我和你一起，晒微笑迎冬奥”网络征集活动，鼓励广大网友带话题拍摄视频在微博进行互动，在歌手、演员等的参与下，话题“晒微笑　迎冬奥”获得了8223.6万阅读量，4.3万讨论热度。除此之外，2022年北京冬奥会还融合时下新鲜短视频元素，独创冬奥“手势舞”，号召“全民唱响《一起向未来》”，其以音乐+简单舞蹈的形式，节奏感强，观赏度高，易达到“病毒式”传播效果。娱乐明星和体育运动员积极参与，以轻松愉快的方式传播2022年北京冬奥会，正如2008年北京奥运会凭借一曲《北京欢迎你》唱响大江南北一样，音乐宣传曲这一传播介质能带动更多网友借助新媒体平台的实时交互特征体验虚拟空间的在场感。

2.2 边界感薄弱的局外人限制

在传统网络互动中，某事物的爱好者基于某种共识形成“群体认同”，从而做出一系列互动仪式获得情感上的满足，也就是我们常说的“粉丝文化”。以兴趣为圈层的粉丝文化对不甚了解该事物的局外人形成了“壁垒”。相比之下，2022年北京冬奥会作为一个承载着中国文化、冰雪赛事、国家形象等多重作用的标志性活动，在中国社会中有着天然的关注度。这种关注度使2022年北京冬奥会的氛围营造面向全民化，也让互动仪式中的“局外人限制”比较薄弱，能激起更广泛的群众参与互动。

从新媒体平台搭建的互动场域来看，互联网空间有着相当高的接触率和互动率。微博热搜的议程设置功能能将与冬奥会相关的重点信息进行推荐以确保曝光度；抖音的“流量池逻辑”能够筛选出与冬奥会相关的热门内容，通过算法推荐精准推送到民众面前；中央广播电视总台的剧集综艺等推广能让观众通过节目了解冰雪运动，关注2022年北京冬奥会。这种运用媒介资源，利用大数据算法的数字营销可以让更多的冬奥潜在用户成为冬奥赛事用户、冰雪运动用户等，打破局外人限制，助力全民传播。

2.3 多重内涵形成多角度关注的焦点

根据柯林斯的互动仪式链理论，个人的相互关注和情感连带是动态式推动互动仪式的关键要素。个体在互动中产生的情感能量是使群体生成关注焦点，进行情感凝聚的驱动力。2022年北京冬奥会在新媒体平台多角度、多方位进行营销，尽可能多地获得了民众关注，唤起了民众的情感共鸣，打造出了多元化的品牌形象。

首先，作为国际性赛事，2022年北京冬奥会的品牌打造和中国国际形象挂钩，一些国家通过对2022年北京冬奥会进行“外交抵制”试图削弱中国的国际影响力，在2022年北京冬奥会处于国际舆论战的风口浪尖之时，中国外交部的强势回应引导了舆论，新媒体平台上民众纷纷响应，表达了对中国政府的支持。其次，近年来体育赛事的号召力在逐步攀升，自2020年东京奥运会以来，中国运动健儿们受到了空前的关注，冰雪运动虽然仍然是很多中国人运动的盲区，但是民众的观赛热情却有了极大的提升。更重要的一点是2022年北京冬奥会是中国人民的“主场作战”，作为全球唯一的“双奥之城”北京拥有了一张独特的城市名片，冬奥会的各种文化符号设计更是蕴含无数中国式浪漫。从“冰墩墩”等吉祥物周边的设计到每一秒钟都写满中国自信的冬奥会开幕式，从富有中国美学的场馆设计到全球首次5G全覆盖的转播技术，2022年北京冬奥会时时刻刻迎合着最广大中国人的审美兴趣，弘扬了传统文化，彰显了时代精神。

总之，2022年北京冬奥会的多重内涵激起了新媒体平台上中国民众不同的情感能量，产生了多维度的情感焦点。中国民众从冬奥会的文化符号设计上感受到了中华传统文化的魅力，从运动员在冰雪运动的拼搏中感受到了竞技的魅力和运动的号召。各种情绪交织在一起形成了中国人对2022年北京冬奥会的集体认同。

2.4 泛娱乐化下民众情感状态推动传播

在个体情感能量的驱动下，群体产生相互关注的焦点形成情感认同，产生一种共享的情感，柯林斯认为共享的情感联结是联动整个互动仪式的重要环节。2022年北京冬奥会蕴含着多重内涵，不同的侧重点会刺激民众积聚起不同的情感能量，新媒体平台的特点则会促使这些情感能量以一种泛娱乐化的形式表达在民众面前。

新媒体平台占据民众大量注意力的同时也改变了民众的消费习惯，碎片化、娱乐化的信息充斥着民众的生活。2022年北京冬奥会在新媒体平台上的推广充分体现“贴地气”“蹭热度”的营销理念。在语言表达上，无论是官方媒体还是品牌合作方都采用口语化、生活化的叙述来传递冬奥魅力。新媒体平台的强互动性也激发了民众的倾诉欲，过去微不足道的小事，能在新媒体平台上通过和用户的互动被赋予独特的价值，产生意想不到的效果。通过对微博热搜榜单的冬奥人文事件进行观察可知，那些普通人的奥运故事往往能吸引媒体和民众的目光，如“#爷爷自学PS帮孙子圆冬奥梦#”“#为冬奥国家队制冰的他曾是轧钢工#”等。词条不吝字数，将细节悉数展现在大众视野，以小见大，深挖冬奥对普通人的意义。另外如“#冬奥火种遇上北京银杏#”“#冬奥场馆降秋雪#”这类普遍现象也登上微博热搜成为民众的关注点，让中国大江南北的用户只需利用手机这一终端，就能“天涯若比邻”一般感知2022年北京冬奥会的氛围。真实鲜活的冬奥故事能让民众产生群体兴奋，民众通过不断评论、点赞和转发助力冬奥会相关内容登上热搜，吸引更多微博用户的关注。

泛娱乐式的情感传递更多地体现在2022年北京冬奥会和娱乐圈、体育圈明星进行联动的合作上，娱乐圈、体育圈明星通过新媒体平台和媒介使用者之间建立起一种模拟现实的社会关系，这种关系被称为副社会互动。2022年北京冬奥会推广曲《一起向未来》创新推广形式，多名娱乐圈、体育圈明星纷纷加入其中演唱，通过传播助力歌曲使冬奥会“出圈”。青年运动员谷爱凌是2022年北京冬奥会最炙手可热的体坛新星，曾在一天内登上微博热搜词条57次，其运动成绩、学业成绩、对冬奥会的宣传都是社会大众关心的热点；与此同时谷爱凌积极承担榜样作用，呼吁“青少年运动起来，睡够10小时”“希望更多女孩能去做自己喜欢的事”，充分发挥体育明星的价值。奥运泛娱乐化互动氛围的营造有助于“全民奥运”氛围的形成。

3 2022年北京冬奥会新媒体平台上的互动结果

从互动仪式链理论视角来看，2022年北京冬奥会在新媒体平台上的数字营销取得了高关注度和民众的情感联结，产生了以下四种互动结果。

3.1 群体团结促进多重效益的实现

2022年北京冬奥会在新媒体平台上的数字营销通过鼓励互动吸引了互联网用户的互相关注，凝聚了“冬奥群体”，促使群体间产生对“2022年北京冬奥会”这一品牌的认同。品牌认同引发了一系列的消费行为。据统计，吉祥物“冰墩墩”销量占2022年北京冬奥会全部特许商品销量的69%。在2022年北京冬奥会期间，“冰墩墩”吉祥物毛绒玩具销量为140万只。截至2022年5月，“冰墩墩”吉祥物毛绒玩具的销量达到520万只。互联网上形成的群体团结和新媒体平台的数字营销共同营造了中国的冬奥氛围，促进了2022年北京冬奥会肩负的多重效益的实现。从政治角度看，2022年北京冬奥会是中国塑造国际形象的机会，也是北京打造“双奥之城”名片的关键所在。在国际紧张的疫情态势下，办好国际性的体育赛事是彰显中国制度优势、综合国力的重要手段。2022年北京冬奥会通过新媒体平台积极乐观地向世界展示中国力量，展现了大国担当。从经济角度看，2022年北京冬奥会极大地提升了中国人民体育文化消费的热情，促进了冰雪产业发展，冬奥周边产品通过网络宣传、直播间带货创造了内需，拉动了中国经济增长。从文化角度看，2022年北京冬奥会文创设计无不体现中国式浪漫，唤起了中国人民心中的民族情怀，满足了当下人民的情感需求。从全民健身角度看，谷爱凌、苏翊鸣等冰雪运动明星运动员发挥了榜样作用，带动人们参与冰雪运动，响应国家“体育强国”“全民健身”的号召。2022年北京冬奥会通过数字营销实现了互联网空间的群体团结，产生了叠加效应，促进了多重效益的实现。

3.2 “全民奥运”产生多元情感能量

“一千个人眼中有一千个哈姆雷特”，一千个网民对2022年北京冬奥会也会产生一千种情感能量。在互联网这一互动仪式场域，互联网参与者不断地创造自己的“冬奥故事”获取“冬奥信息”，产生不同的情感能量。这些情感能量来源于社会各界，因为2022年北京冬奥会的数字营销并不光是依靠新媒体平台自身和民众互动促成群体传播的，更是充分调动各界资源完善互动仪式，刺激多元情感的产生而实现的。正如德国物理学家赫尔曼·哈肯提出的协同理论一样，在千差万别的系统中，各个事物尽管属性不同，但在整个环境中各个系统间相互协作形成有序的共同体，最终达到“1+1>2”的效果。2022年北京冬奥会在线上进行的数字营销是由多个不同功能的子系统和要素组成的复杂系统，联合体育界、文化界、科技界、娱乐界等多个领域，新媒体平台在其中发挥着聚合作用，有序组织社会各界支持冬奥会，通过互动传播，推动2022年北京冬奥会营销从无序状态走向有序状态，使“2022年北京冬奥会”这一品牌形象深入天南地北每一个互联网用户的心中，给大众呈现一场“简约、安全、精彩”的冬奥会。

3.3 冬奥符号成为文化符号

柯林斯的互动仪式链理论认为基于特定际遇下的互动仪式产生的情感体验是容易消逝的。他以体育赛事为例，认为随着竞技项目的结束，人们产生的集体兴奋也会随之结束。但是个人在互动仪式中获得的情感能量却会保存下来，在下一次遇到相似际遇时会被触发，从而产生新一轮的群体共同关注和情感联结。2022年北京冬奥会的数字营销已经将背后的文化内涵传递给大众，使“2022年北京冬奥会”不仅仅是在北京这座城市举办的大型国际赛事，也成为一种文化符号的象征，成为联结中国人冬奥故事的纽带，永久保留在中国人的记忆中。冬奥符号中体现的“中国式浪漫”被中国人尊重和拥戴，激发了中国人的民族认同感。2022年北京冬奥会奖牌“同心”与2008年北京奥运会奖牌“金镶玉”相呼应，体现了“双奥之城”的文化内涵。这一联动重新唤醒了2008年北京奥运会带给中国人心灵的悸动，因为2008年北京奥运会已成为这一代中国人心中神圣的“图腾”，在互联网上，网民们称呼2008年北京奥运会“永远的神”。因此，2022年北京冬奥会所形成的文化符号同样也能激发中国人的群体凝聚力，并且和14年前的情感能量产生呼应叠加，成为一种特别的文化符号留在中国的历史中。

3.4 民族情怀、情感联结下的道德拥护

在互动仪式中，群体对所认可的对象会自然而然地激起保护欲，从而产生一种维护群体的道德准则，防止该对象被其他群体所侵害。这就是互动仪式中的第四种产物——道德感。对于中国人来说，2022年北京冬奥会除了给大众提供了解冰雪运动、参与冰雪项目的契机，更是民族情怀的一种满足和释放。在其他国家举办的奥运会上，奥运健儿们为国争光的拼搏精神牵动着每个人的心，在一块块奖牌和一次次中国力量的展现中，中国人的民族情怀也达到了顶峰。当大型赛事冬奥会的东道主是中国时，中国人的民族自豪感不仅来源于运动员赛出风格、赛出水平的冰雪项目，还来自中国人用勤劳和智慧为世界呈现的一场场精彩纷呈的冬奥会赛事，无论是通过开幕式、闭幕式及各类文化表演，展示出的中国丰富的历史和文化，还是通过讲述运动员和幕后工作人员在备战和比赛中的故事，都能激发中国人的情感共鸣。举办冬奥会是一次国家形象的推广，通过冬奥会能与其

他国家的体育、文化交流，加强国际合作，同时还能鼓励国民高度参与这场盛会，增强国家认同感。2022年北京冬奥会数字营销的互动仪式能不断强化中国人心中的民族情绪，从而使中国人对“2022年北京冬奥会”这一品牌产生强烈的情感拥护。

4 结论与建议

2022年北京冬奥会从筹备到圆满落幕，积极借助新媒体平台进行数字营销，向国际社会展现中国力量，利用社会各界资源积极宣传“全民奥运”，推动冰雪运动的发展。

本文借助柯林斯的互动仪式链理论探究了2022年北京冬奥会在新媒体平台上的数字营销。在互动仪式的特征中，2022年北京冬奥会充分发挥了数字营销的特点，实现了用户的虚拟在场，借助互联网技术的用户互动激起了群体的共同关注，促进了赛事传播；而内涵丰富、贴近大众生活的2022年北京冬奥会也让更多人参与到冬奥会的品牌建设中来。在群体的关注焦点和情感联结方面，各种各样的情绪通过新媒体平台泛娱乐化的形式带给大众，形成集体认同，积聚情感能量。总之，2022年北京冬奥会在新媒体平台上的互动仪式助力了“2022年北京冬奥会”品牌的打造，有利于实现文化效益、政治效益、经济效益等多重效益，在多元情感能量驱动下强化了冬奥文化符号，进一步激发了民众的民族情怀，使他们产生对品牌的道德拥护。

根据互动仪式理论，本文为未来的赛事运营提供相应建议。第一，赛事组委会要根据复杂多变的互联网形势，积极创新营销策略，充分利用新媒体平台进行舆论引导，将体育精神传递到互联网的每个角落；第二，在新媒体平台上，主办方和各大赞助商、文创合作伙伴要借助数字经济的“东风”，放大互联网营销红利，虚实结合挖掘周边手办的增量，通过相关媒介事件的影响力带动消费；第三，“2022年北京冬奥会”这一品牌形象需要持续营销，为了更好地挖掘冬奥遗产价值，需要冬奥精神以一种文化性、图腾性的财富留存下来，持续发光发热。

只有充分协调社会各界资源，促进中国网民对“2022年北京冬奥会”这一品牌的情感认同，以情感能量为驱动，共同助力“2022年北京冬奥会”品牌的数字营销，才能打造北京“双奥之城”的品牌名片，实现政治、文化、经济的多赢局面。

◎ **参考文献：**

[1] 詹姆斯·W. 凯瑞. 作为文化的传播[M]. 丁未，译. 北京：华夏出版社，2005.
[2] 兰德尔·柯林斯. 互动仪式链[M]. 林聚任，王鹏，宋丽君，译. 北京：商务印书馆，2008.
[3] 丹尼尔·戴扬，伊莱休·卡茨. 媒介事件：对历史的现场转播[M]. 麻争旗，译. 北京：北京广播学院出版社，2000.
[4] 方冰. 基于社会化媒体营销的品牌内容传播[D]. 合肥：中国科学技术大学，2010.
[5] 姜明. 大众文化视域下的中国粉丝文化研究[D]. 长春：吉林大学，2016.
[6] 李中文. 做足奥运报道 有力引导舆论[J]. 新闻与写作，2012（9）：21–23.
[7] 阎莉萍，王凯. 网络传播对奥运报道的深度介入——以腾讯网为例[J]. 体育与科学，2012，33（5）：41–43.
[8] 陈镜如，李金宝. 媒体融合背景下央视里约奥运会新媒体报道评析——兼议大型体育赛事新媒体版权的价值开发与利用[J]. 电视研究，2016（11）：20–23.
[9] 沈虹. 论数字营销的三种媒体传播形态[J]. 现代传播（中国传媒大学学报），2013，35（9）：167–168.
[10] 姚曦，秦雪冰. 技术与生存：数字营销的本质[J]. 新闻大学，2013（6）：58–63.
[11] 张世涛. 社会化媒体营销视域下品牌内容的传播策略探析[J]. 新媒体研究，2016，2（16）：93–95.
[12] 邓昕. 被遮蔽的情感之维：兰德尔·柯林斯互动仪式链理论诠释[J]. 新闻界，2020（8）：40–47.
[13] 胡壮麟. 多模态的碎片化时代[J]. 外语研究，2018，35（5）：1–6.
[14] 毕雪梅. 体育关系：体育参与实质、传播关系与互动内涵[J]. 北京体育大学学报，2015，38（12）：10–14.
[15] 董向慧. “后真相时代”网络舆情与舆论转化机制探析——互动仪式链理论视角下的研究[J]. 理论与改革，2019（5）：50–60.
[16] 郑涵静. 互动仪式链视域下影视剧粉丝的数字化仪式研究——以微博“电视剧琉璃”超话为例[J]. 新闻传播，2021（21）：29–31.
[17] 陆丹，苏宸. 凝聚与塑造：公益直播中青年群体互动研究——以“小朱配琦”湖

北公益直播为例[J]. 电视研究，2021（5）：56–58.
[18] 武雨佳，王庆伟，刘弋飞. 2022年冬奥会背景下京津冀大众滑雪赛事协同发展研究[J]. 沈阳体育学院学报，2021，40（5）：16–23.

作者贡献声明

吕涵潇：收集整理数据资料、撰写论文。

高　航：修订论文。

李珍晖：确定研究选题、设计研究思路、修订论文。

地球村理想：对谷爱凌社交媒体讨论的幻想主题分析

——以新浪微博为例

吴丽雅

（中国社会科学院大学，北京 102488）

◎ 作者简介

吴丽雅：中国社会科学院大学新闻传播学院硕士研究生。研究方向：人际传播、体育传播。

摘　要：2022年北京冬奥会期间，现象级体育明星谷爱凌引发了全球关注。本文借助符号趋同理论，通过对与谷爱凌相关的社交媒体讨论的幻想主题进行分析，发现新浪微博平台用户对谷爱凌的讨论主要有“奥林匹克精神”“个人特质”“家庭或阶层想象”“国际视角想象”“让世界更美好”五种不同的幻想类型，这些幻想类型下又存在着不同的幻想主题。分析发现，新浪微博讨论形成了一种“有着地球村理想的奥运青年”形象的修辞视野。本文同时对具体的想象背后的社会现实和心理原因做出了解释，印证了公众对体育明星想象的“包容与多元”，并强调了国际体育人才在全球传播中可能产生的积极意义。

关键词：谷爱凌；社交媒体；公共讨论；符号趋同理论；幻想主题分析

2022年北京冬奥会期间，滑雪运动员谷爱凌在社交媒体上受到了广泛的关注和讨论，无论是在国内还是国外，谷爱凌都成为一个“现象级巨星”。“00后”的她能成为“顶级流量”，与其本身自带话题有关，包括她在2022年北京冬奥会上获得“两金一银”的优异成绩、突出的个人特质等，但繁多的用户生产内容也是其成为巨星的过程中一股不可忽视的助推力量。有舆情分析指出，2022年2月1日—14日，“谷爱凌”在全网热搜榜一共出现了268次。

社交媒体上关于谷爱凌的种种讨论涵盖了体育、教育、文化、商业等不同领域，显现出公众对于当代人成功特质的各种想象。史安斌等认为，谷爱凌作为“第三文化人”，不过分彰显东方特质，也不避谈其与中国的联系，其在中国收获巨大流量的原因在于人们对体育明星的期待开始从其所寄托的民族自信，转变为更包容、更多元的全球想象。正是在这个意义上，凝聚了全球性与多维度形象的谷爱凌站在时代的苍穹下，以超越其个人的意义折射在社会的公共讨论中，成为现代社会的一个符号和社会心理的一面镜子。这一形象具体引发了社交媒体中的哪些讨论？这些讨论又是如何建构出这种“包容、多元的全球想象”的？对与谷爱凌相关的社交媒体讨论进行分析将有助于从跨文化传播的受众视角揭示其引发全球传播的价值所在。因此，本文以定性研究的方法，聚焦于国内社交媒体用户对谷爱凌的相关讨论，分析人们对其有何想象，以期做出解释并讨论其反映了何种社会心理。

1 研究对象与方法

1.1 研究对象

本文以社交媒体用户对谷爱凌的相关讨论为研究对象，具体以新浪微博（以下简称“微博”）为例，采取目的性抽样办法，在选择讨论热度较高的帖子的同时，尽可能多地选择不同用户发布的内容，使选取的样本具有典型性和一定的代表性。选取帖子的时间为2022年2月4日—6月4日，即2022年北京冬奥会开始至结束后的一段时间。最终收集到108条有效样本。

1.2 理论框架与研究方法

1.2.1 符号趋同理论溯源

本文具体借助符号趋同理论对研究对象进行幻想主题分析。

符号趋同理论最早是由美国传播学者欧尼斯特·鲍曼根据罗伯特·贝尔斯的小团体传播研究提出的。20世纪六七十年代，贝尔斯等人在进行人际互动行为的研究时，发现小群体传播过程中存在着共同幻想现象。鲍曼受其启发进行了更深入的研究，发现幻想不仅可以发生在小群体传播中，还可以在更大的传播群体中发生。这里所说的“幻想”是指对事件的创造性和想象性的诠释，以满足群体的心理或修辞需求。

鲍曼的研究着眼于群体意识的发展过程，表明社会共享的叙事和幻想能够制造“合意”，这是群体意识出现的基本条件。鲍曼提出的符号趋同理论，核心在于人类基于幻想者的本质彼此通过戏剧化的信息进行沟通，这种信息会在群体内引发更多富有想象力的语言和较为强烈的情绪，人们在幻想的世界中构建符号现实、形塑社会认同，因此通过分析这些信息，便能够洞悉群体共通的情感结构和共享的世界观。该理论重点研究群体传播如何通过幻想的分享而逐渐趋同，20世纪七八十年代在西方得到了较广泛的运用。

该理论有两个基本假设：一是群体成员通过符号实现幻想的共享，创建符号现实；二是群体成员分享幻想后，符号世界会逐渐趋同（又称聚合）。与两级传播理论不同的是，该理论认为信息不是简单地从媒体传播到意见领袖，再传播到公众的，而是在所有主体之间向着各个方向流动，从而创造了一个互动的网络。

1.2.2 幻想主题分析及国内外研究现状

幻想主题分析是符号趋同理论对应的研究方法，用来分析群体成员共享的世界观，是一种修辞批评方法。符号趋同的过程从微观到宏观分为三个层次，这也成为幻想主题分析的三个层面。第一层为最基本的单元——幻想主题，即“激发幻想连锁反应的信息的内容”；第二层是幻想类型，它是“涵盖若干更具体的幻想主题的一般场景”，将幻想主题进行了类型划分；第三层是最抽象的层次——修辞视野，它建立在大量幻想主题的“复诵”（复述等共鸣效果）基础之上，它将涵盖不同线索的幻想主题和类型集合汇总起来，形成更广阔的视觉图景。运用该方法需要收集语料、分析幻想主题、归纳幻想类型和建构修辞视野四个步骤。

国外关于符号趋同理论的研究成果包括一系列著作。在早期的国外研究中，该方法多被用来研究冷战时期的政治交流愿景、美国的共产主义运动、宗教话语等，21世纪国外相关研究多重视对文学作品、公众人物的媒介报道、政治大选中的公众讨论等的分析。在我国，中国知网中有关幻想主题分析的文献始于2012年，集中在2016年之后。研究内容逐步延展，分别对小说、戏剧、广告、媒介报道和用户生产内容等做出了分析。相比国内，国外研究起步更早，研究内容及成果更多元，文献数量更多，方法运用也更加成熟。

根据以上的理论溯源，本文聚焦微博用户对谷爱凌的讨论，同时观照国内外舆论争议点，提出以下研究问题：（1）对谷爱凌的微博讨论中有哪些幻想主题？可以归为哪些幻想类型？形成了怎样的修辞视野？（2）相关微博讨论在哪些方面与国外舆论发生争议？有何原因？（3）具体的幻想主题背后反映了怎样的社会现实和社会心理？

2 研究过程及结果

通过幻想主题分析，笔者发现对谷爱凌的相关微博讨论可以分为奥林匹克精神、个人特质、家庭或阶层想象、国际视角想象和让世界更美好五个主要的幻想类型，每个类型中都包含了数种不同的幻想主题。

2.1 幻想类型一：奥林匹克精神

谷爱凌在2022年北京冬奥会赛场上超常发挥，不但在自己的主项目中获得了冠军，还在自己的非主项中拿到了一枚金牌，充分展现了“更快、更高、更强——更团结”的精神，网友们也从这种精神中获得了力量。

2.1.1 幻想主题一：挑战极限，超越自我

在2022年北京冬奥会自由式滑雪女子大跳台决赛中，谷爱凌做出了从未挑战过的“向左偏移偏轴转体1620”，获得金牌。“挑战极限，超越自我”这一幻想主题意为勇敢尝试高难度动作，超越自己的精神，表达了网友们对谷爱凌的敬佩。

该幻想主题中常常出现的复诵词有“挑战”“突破”“极限”等。

对应的微博讨论如下：

“在明知有稳拿高分的路可走的时候，不求稳而去挑战更难、追寻极限……无论成败我永远对这种人充满敬意。”

“我觉得她们在选择挑战的那一刻，追求的不是个人的成败而是更高的东西了。”

“竞技体育就是人类不断突破自身极限的浪漫主义。”

2.1.2 幻想主题二：努力和投入才有收获

如何才能取得谷爱凌这样的优异成绩？在微博讨论中，网友们将其成功归因于个人的努力、坚持、专注和投入，这同样也是奥林匹克精神的一部分。在网友们看来，命运掌握在自己的手中，成就不是轻轻松松就能取得的，个人能否坚定目标、辛苦付出，决定了其成功与否的命运。在这一幻想主题中，“坚持”“努力”“投入”“成功”等词是较常见的复诵词。

对应的微博讨论如下：

“从来没有人可以轻易成功，那些荣耀背后往往是难以想象的坚持和努力！天才少女？不，是奋发青年！”

“百折不挠的坚持，日复一日的刻苦训练，以及为热爱的事情用心钻研，对于普通人而言同样很有启发和榜样意义。”

2.1.3 幻想主题三：强大的心理素质

在冬奥会赛场中，比赛的压力和紧张感是巨大的，唯有心理素质过硬，运动员才能够顶住压力，在赛场上发挥出自己的真实水平，甚至逆转战局。网友们认为谷爱凌就具备强大的心理素质，这种素质包括将压力变为动力，克服恐惧，直面困难与挑战，以收放自如的心态面对比赛和输赢。该幻想主题较常见的复诵词有“心理素质”“心态”“勇气”等。

相关的微博讨论如下：

“不提其他方面，就普通人能有她这种心态和勇气，怎么可能不成功。多次逆风翻盘，后来居上，真的佩服谷爱凌。”

“对我们普通人来说，得到冠军或者成为最顶尖的人很难，但是如果能有谷爱凌这种心态，何尝不是对自己的超越！”

这里，网友们将谷爱凌与自己连接了起来，谷爱凌的心态对普通人来说产生了启发意义，网友们与遥不可及的奥运冠军在心灵上碰撞出了现实的共通性和相似性。

对应的微博讨论如下：

“谷爱凌的心理素质有多强？她难道感受不到压力吗？其实并不是。她已经将压力与恐惧变成了自己的动力和‘朋友’。”

2.1.4 幻想主题四：享受比赛

作为奥林匹克精神的一部分，享受比赛是难能可贵的，因为做到享受比赛本身就是一件快乐的事情。

对应的微博讨论如下：

“谷爱凌不只是在比赛，也是在享受滑雪和超越自己的过程。”

“她的初心不会被竞争本身的输赢动摇，最使她开心的事情并不是赢了比赛，而是去努力做自己喜欢的事情。”

在“奥林匹克精神”这一幻想类型下，网友们将谷爱凌想象为“挑战极限、超越自我”“努力和投入”，具有“强大的心理素质”且“享受比赛”的运动员形象。这些主题都是正面、积极的，且网友并不认为这些都只是遥不可及的奥运冠军才拥有的品质，在网友们的想象中，普通人若拥有这些品质，一样可以做到对自己的超越。

2.2 幻想类型二：个人特质

谷爱凌在赛场外、媒体采访中表现出来的自信、机敏、勇敢、善良等特质让人们对成功有了更为广阔的想象。

2.2.1 幻想主题一：自信从容，承受压力

“个人特质”幻想类型下的第一个幻想主题是自信、从容的性格特质。网友们将谷爱凌想象为一个面对任何外界指责都能够承受且积极面对和回应的自信、强大的形象，那些负面的评价很难对她造成较大的影响。谷爱凌在回应外界负面的声音时曾说：“如果有人不相信这就是我的初衷，那么这只说明他们没有足够的同理心去理解别人的善意……如果有人不相信我或不喜欢我，那么这是他们的损失。”对此，一位微博用户这样评论：“说得好！不相信或不喜欢我是他们的损失，我只身在山顶不亦乐乎！”

在这一主题中“承受”“自信”“阳光”“面对”“从容”等词是常出现的复诵词。相关的微博讨论如下：

> “没有人能被所有人喜欢，面对诋毁和否定，谷爱凌拥有强大的心脏、宽广的胸襟和无与伦比的自信，希望我女儿能把她作为榜样。”
>
> “谷爱凌教会我们一个道理，那就是负面的声音始终会存在，你要学会面对和消化它，相信自己的初心并继续保持那份热爱和纯粹，任何境遇里的你我都能成就自己更好的人生。”
>
> “她几乎不能说错一句话，需要同时面对中美两方媒体和‘键盘侠’的压力。最佩服谷爱凌的是她一直坚持自己的初衷，不被外界的声音所打扰。”

可见，不逃避，并以从容自信的态度面对问题，是网友们对谷爱凌正面人格特质的肯定，并把它想象为成就更好人生的一部分。

2.2.2 幻想主题二：全面发展

网友们认为谷爱凌不仅在滑雪运动上非常优秀，而且在其他各方面也都做到了全面发展。正如微博评论所说：

> “谷爱凌说从不给自己设限，运动项目有机会就多去尝试，滑雪、越野、足球、篮球等，时尚领域也是一样，她也做到了。”
>
> “广告接到手软，学业、事业不仅没耽误反而蒸蒸日上，满分人生……”

2.2.3 幻想主题三：思维敏捷

思维敏捷、心智成熟同样是网友们对谷爱凌个人特质的一种想象，该主题中的复诵词包括“高智商”“高情商”等。例如：

“这流畅的语速、敏捷的思维，简直比读稿子还快。可想而知智商、情商高到什么程度了。”

“这姑娘最震撼我的不是她的运动天赋，而是她的高智商、高情商，这么小的年纪，能够有足够成熟的心智，应对得体，落落大方，却又不失年轻人活泼灵动的一面，真是得上天眷顾的人啊。”

在“个人特质”这一幻想类型下，网友们将谷爱凌想象为一个能承受住外界负面评价，以自信从容的态度、成熟的心智去面对这些声音，并能思维敏捷地回应问题，同时能坚持初衷，全面发展的青年形象，并将这些特质与“更好的人生”联系在一起。

2.3 幻想类型三：家庭或阶层想象

近乎完美的“00后”奥运冠军形象让人们开始关注谷爱凌的家庭背景。网友们对谷爱凌的成长经历和她母亲的教育方式展开了想象，还结合自身成长经历对这种教育方式进行了评价。

2.3.1 幻想主题一：精英教育

一些网友认为，有着高收入、来自较高阶层的母亲给谷爱凌带来的教育是使她成为精英的主要原因。例如：

“我倒是觉得，谷爱凌的母亲（按报道为北京大学毕业后，在美国华尔街做金融工作）更难复制。谷爱凌的经历更多体现了对于高收入人群而言世界是平的，可以一定程度利用自身眼界和条件实现双向降维碾轧……”

然而，有网友对一些人因为谷爱凌来自精英阶层就贬低她的行为表示不解，认为仅仅将她的优秀归结为优越的家庭条件而忽视她本人付出的努力是不当的。例如：

“经常看到一些贬谷爱凌、捧别的家庭条件一般的运动员（当然她们也值得被赞扬），原因是谷爱凌是精英阶层，好像精英阶层都能成为谷爱凌似的。谷爱凌的成功，在他们看来都是因为她出生在旧金山。”

总体来看，该幻想主题中，网友们认可了谷爱凌母亲的教育和引导产生的积极作用。例如：

“18岁的年纪，这种回答问题的态度和谈吐，简直秒杀一些成年人。这背后估计是中国妈妈的传授和引导，糅合了中西方文化，实在是厉害。”

“家庭教育这点广大父母倒是可以多学学……就是人格培养得健全一点。”

该主题中的复诵词有“精英阶层”“家庭教育”等。

2.3.2　幻想主题二：教育的自由与冒险精神

此外，网友们将谷爱凌的全面发展、对热爱的事保持专注与其母亲自由和具有冒险精神的教育联系起来。在网友们看来，因为母亲给予孩子自由选择的权利，敢于让孩子冒险，并做孩子最温暖的后盾，才充分拓展了孩子成长的可能性，使孩子的生命得以绽放。

相关微博讨论如下：

“谷爱凌的妈妈以其温柔、强大、稳定的爱，全神地看见、全心地祝福，并稳稳地接住了自由飞翔的女儿，让女儿安全感十足地、尽情地享受着这场生命的狂欢。”

“谷爱凌也说过她妈妈是她见过的胸怀最宽广、最有冒险精神的人，谷爱凌的超级天才属性只有在谷妈妈的教育下才能达到如此德智体美劳全面发展。”

“健康的家庭会拓宽孩子的心理空间，而有问题的家庭会压缩孩子的心理空间。”

这一幻想主题其实与众多家长让孩子做自己认为对的事情，完成自己未竟的梦想的教育理念恰恰相反。一位微博用户在一条与谷爱凌相关的帖子下这样评论：“大部分家庭都会把自己没完成的事情寄托到孩子身上，所以就有很多孩子做的是父母喜欢的事情。”对比之下，网友们所倾向的教育理念也就更加鲜明了。

在“家庭或阶层想象”中，网友们的想象有些分散，但总体上较为统一。网友们将谷爱凌的全面发展与其母亲的教育方式相联系，这种教育包括健全人格的培养、教育中的自由与冒险精神，还包括高收入、精英阶层的家庭背景带来的助力。

2.4 幻想类型四：国际视角想象

由于谷爱凌自小在美国长大，身上带有中美文化糅合的印迹，因此对谷爱凌的“幻想”中有相当一部分是关于其身份的讨论。如何解释她代表中国参加比赛、如何看待她身上所展现的多元的文化，如何看待她对身份争议的回应，是“国际视角想象”这一幻想类型中的重要主题。

2.4.1 幻想主题一：接纳多元文化

“国际视角想象”下的第一个幻想主题是“接纳多元文化”，网友们认为，谷爱凌身上同时展现出中美两种文化，她的汉语口音带着京腔，会在比赛间隙吃馅饼，她对待两国的文化都是尊重的，尊重文化的差异性，如谷爱凌所说：“我在美国和中国的时候都会很自在。我觉得，体育一定是用来团结人们的，而不是分裂我们的。”

该主题中“尊重”“接纳”是常出现的复诵词。相关的微博讨论如下：

“在谷爱凌身上，我看到了人类创造多样化的文明后应该有的样子，兼容并包，取长补短，和而不同，对待不同的文明以同样的尊重。这大概就是这位‘天选’少女的才能、天赋、颜值、情商之外，最吸引我的地方吧。”

有网友还认为，不仅是谷爱凌在彰显多元文化，反过来，人们在对谷爱凌支持、喜爱的过程中也强化了对多元文化的接纳和对真善美的向往，并且在这种接纳和向往中可以找到新的可能性。例如：

“一个积极的解读是，中国的美来自走出群众的偏见，接纳西方的文化但不被其同化，在反复的碰撞和弥合中找到一个新的第三极……文化只在对照中产生，这句话永远都不过时。”

“我从来不觉得她在讲套话，为什么能让美国人和中国人都喜欢她？因为人本身对于善和美有一种向往。大部分人对善和美的渴望会将这个世界继续推向一个新的高度。”

2.4.2 幻想主题二：人才向中国回流

“国际视角想象”下的第二个幻想主题是“人才向中国回流”。在网友们看来，谷爱凌代表中国参加冬奥会是精英群体从西方向中国“回流”的一种表现。这里需要说明的一点是，谷爱凌代表中国参赛的行为曾经遭到一些美国网友的指责。而网友们认为中国国力愈发强盛是精英“回流”的主要原因。该主题中的复诵词有“外流”“回流”。

相关的微博讨论如下：

“三十年河东三十年河西，谷爱凌现象深层次的原因是，受过美国精英教育的尖端人才，开始外流了。”

“一个谷爱凌，为什么让美国舆论炸锅了呢？因为美国人发现，精英开始向中国‘回流’了，美国的吸引力不复往日的辉煌了。”

“她的确不能算纯正的中国人。只有一半血缘，2019年加入中国国籍，算归化运动员……说明我们中国的确比原来好了，让越来越多人愿意加入了，这是好事啊，只有国富民强才能吸引人才。”

2.4.3 幻想主题三：打破狭隘的国籍观

“国际视角想象”下的第三个幻想主题是“打破狭隘的国籍观”。由于谷爱凌在美国长大，却代表中国参加冬奥会，一些美国网友为其贴上了“忘恩负义”的标签。然而，网友们对此表示不屑，认为那是他们“狭隘的国籍观”“民族主义思想”的体现。而它的反面则是无国界的体育、两国的友谊和团结，这也正是谷爱凌想要通过体育实现的价值。

相关微博讨论如下：

“要明白谷爱凌是实现了国籍自由的人，目前无论是才华还是声望都是这样的。她是努力生活实现自我价值和努力探索世界的那种优秀的人，这样的人能打破某些人狭隘的世界观、国籍观，如果连这都理解不了，那么恐怕更不能想象她所处的世界和生活。”

2.4.4 幻想主题四：中美教育差异

该类型下另外一个幻想主题是“中美教育差异”。一些网友将谷爱凌展现出的自信等优秀特质归结为美国教育观念上的影响，并认为中国的教育未能较好地做到培育自信心。例如：

“难道不应该反思一下中美教育在孩子人格及自信心塑造上的差距吗？”

“尽管谷爱凌强调她是中国人，但她的一言一行、一颦一笑，都是外国范儿，她的性格基因根植于美国文化。有人问她，中美文化的差别是什么？她回答，修图。美国人照相不修图，各有各的特别，自己最美，修图会被人笑为不自信。”

在“国际视角想象”这一幻想类型中，无论是谷爱凌还是喜爱她的人，都做到了“接纳多元文化”；网友们将谷爱凌代表中国参赛想象为“人才向中国回流”，并且以“狭隘的国籍观”回应一些美国网友对谷爱凌代表中国参赛的妄加指责，认为友谊、团结、无国界才是体育应该追求的精神。此外，网友们认为谷爱凌自信的人格特质是美国教育塑造的，而中国的教育在培养自信人格方面还需进一步发展。

2.5 幻想类型五：让世界更美好

谷爱凌曾在采访中说她最大的梦想是让更多中国青少年，尤其是女孩接触冰雪运动。“作为年轻人很多人会说你太小了，别想去改变世界，做好自己就好。但我觉得没有年龄这个事情，（改变世界）是任何人都可以去做的。我从小就热爱滑雪，想通过这个运动改变世界！”可见，她追求的不仅仅是个人成绩的突破，更是通过个人的力量影响更多的人、影响体育文化和整个世界。“让世界更美好”这一幻想类型便是网友们通过她的所言所行感受并想象出的形象。

2.5.1 幻想主题一：为中国体育事业做出贡献

“为中国体育事业做出贡献”是这一幻想类型中被提及较多的幻想主题。网友们对谷爱凌通过自身实际行动让更多中国人参与滑雪运动表示了肯定。常出现的复诵词有“参与”“中国”“女性”“鼓舞”“体育运动”“格局”“改变世界”等。

相关微博讨论如下：

“或许再过不久，谷爱凌又会被各路商家和大众塑造成‘国民女神’式的靶子，但我将永远记住她是一个希望通过自己的努力让更多女生参与体育运动的普通女运动员，这比所谓的‘女神’更加高尚。”

“谷爱凌暑假来中国，干过把全数学班的女生都拉到篮球场去打篮球的事儿，她早就想好了要用自己的实际行动，让更多中国女孩参与到体育运动中来！”

“她的目光所及不止她自己和滑雪，而是着眼于整个中国女性群体的人格引导和体育事业。”

“谷爱凌有强烈的意识去发挥自己的潜力，用自己的能量去改变世界，让世界变得更美好！”

可以注意到，网友们往往将“为中国体育事业做出贡献”与女性参与体育相联系，这也与我国总体上女性参与群众体育运动较少的现状有关，但“鼓励更多女性参与体育运动”的这一想象正与新时代女性主体性回归的发展相契合。

2.5.2　幻想主题二：鼓励年青一代

该类型下第二个幻想主题是“鼓励年青一代”。作为新时代青年，谷爱凌自信乐观、坚定勇敢地追求理想的生活方式鼓舞着年青一代，网友们将她视作榜样，肯定了她对新一代青年的引导作用。出现的复诵词有“下一代”“年轻”“榜样”。

相关微博讨论如下：

“谷爱凌很优秀，同时也让中国的下一代看到未来的中国是国际化的，未来中国的孩子也将是国际化的。”

“热泪盈眶。当我13岁的时候，我在3000人面前说过和谷爱凌一样的话，我仍记得，我是那样的自信、勇敢、目标远大。后来经历了太多的失败和痛苦，我开始收敛自己的棱角，甚至自我安慰地对自己说‘这是社会化的成长’。但我突然明白，我还是不愿妥协，还是不愿放弃少年时代的梦想。”

“她毫不掩饰自己的自信和梦想：我想成为很多年轻女孩的榜样！新时代，中国的年轻女孩们，需要被这样地鼓励。”

2.5.3 幻想主题三：改变固有的身体审美观念

“让世界更美好”幻想类型还包括“改变固有的身体审美观念”的幻想主题。网友们认为谷爱凌作为体育冠军打破了“白幼瘦”的刻板的身体审美观，使其向着更加健康的运动型身体审美观转变，这与更广泛层面的健康意识的觉醒和女性社会地位的提升有关。

相关微博讨论如下：

“爱运动的女生都超酷！”

“不要白幼瘦，要运动！”

2.5.4 幻想主题四：性别视角想象

此外，“性别视角想象”的幻想主题也是“让世界更美好”幻想类型的一部分。网友们认为，谷爱凌以实际行动展现了女性在自我发展道路选择上的广阔可能性，不惧怕身处少数群体之中。

相关微博讨论如下：

“有多少女性被迫卷入所谓‘既定的命运’变得疲惫无力，世界需要这样的女性展现不同的可能。”

“对女性系统的歧视，是看不见的精神枷锁，冯国珍、谷燕和谷爱凌，以自身的努力打破了这种枷锁。展示出中国女性一旦不被这样可笑而又卑劣的逻辑所束缚，就有可能释放出多么惊人的力量。她们势必能鼓舞更多女性，做出自己的选择，而不是在各种‘应该’套路的合谋之下，被安排着沦为燃料。”

在“让世界更美好”这一幻想类型中，网友们将谷爱凌想象为一个为中国体育事业做出贡献、作为榜样激励和引导年青一代、打破刻板的身体审美观念，同时呈现女性的更多可能性的新时代青年形象。

2.6 修辞视野的建立

总的来说，微博用户对谷爱凌的讨论通过五个幻想类型共同编织起了一张修辞视野之网。网友们总体上以积极正面的态度去阐释谷爱凌的所作所为，这一视野涵盖了“奥林匹克精神”“个人特质”“家庭或阶层想象”“国际视角想象”“让世界更美好”等多个角度，但这些不同的角度整体上呈现出一种共同的“承载着地球村理想的奥运青年”形象，这种地球村理想的核心也同样说明了谷爱凌自身的身份认同问题，即对中国文化和美国文化的平等接纳、尊重和拥抱。

3　解释与讨论

本文通过幻想主题分析，发现网友们对谷爱凌的想象确实是包容和多元的，他们总体持一种肯定和支持的态度。在微博内部，对谷爱凌的想象集中于“奥林匹克精神”“个人特质”“家庭或阶层想象”等，而在外部，微博讨论与国外讨论也存在一些争议。

3.1　个人特质与阶层想象

在内部，微博用户对谷爱凌的讨论最热烈的部分在于其自信、勇敢、坚持自己热爱的事情的个人特质与其展现的超越自我等奥林匹克精神带给网友的积极影响。除此之外，微博讨论中还包括家庭和阶层议题，网友们联系自身，对来自高收入群体、较高阶层的母亲带给谷爱凌的精英教育、具有冒险精神的教育展开了想象。一些网友将谷爱凌的优秀、全面发展归结为优越的家庭条件，而另一些网友则认为不应忽视谷爱凌自身的意志和努力。

3.2　“第三文化人”身份与地球村理想

在外部，微博用户与国外舆论的争议点主要在于谷爱凌代表中国参赛这一行为上，在国外舆论中，这是一种“背叛”“忘恩负义”的指责，而在国内微博用户的想象中，这是谷爱凌打破狭隘的国籍观和民族主义思想的体现，也是精英群体从西方向中国“回流”的体现。

“第三文化人”是指成长于不同文化情境下的个体，谷爱凌作为中美文化糅合于一身的“第三文化人”，因较早地接触了不同的文化，所以对多元文化有着更多的理解和更强的适应力。从微博讨论中可以看出，网友们将谷爱凌想象为一个有着地球村理想的个体，是因为她身上的国际性不仅是外表上的，更是心理上的，她能够接纳和认同多元文化，这是一种“具有世界主义的身份认同”。谷爱凌打破了狭隘的国籍观，倡导一种无国界、团结人类的体育观，接受并尊重不同文化的差异性，以自身行动激励更多人参与冰雪运动。

4 结语

本文通过对与谷爱凌相关的微博讨论的幻想主题进行分析，发现主要有五种不同的幻想类型。第一，“奥林匹克精神”幻想类型包含了“挑战极限，超越自我”“努力和投入才有收获”“强大的心理素质”“享受比赛”四个幻想主题；第二，“个人特质”幻想类型包含“自信从容，承受压力”“全面发展”“思维敏捷”三个幻想主题；第三，“家庭或阶层想象”幻想类型中存在“精英教育”“教育的自由与冒险精神”两个幻想主题；第四，“国际视角想象”幻想类型包含“接纳多元文化”“人才向中国回流”“打破狭隘的国籍观”“中美教育差异”四个幻想主题；第五，在“让世界更美好”幻想类型中，存在“为中国体育事业做出贡献”“鼓励年青一代”“改变固有的身体审美观念”“性别视角想象”四个幻想主题。在具体分析中，本文也呈现了这些具体的想象背后所反映出的社会心理变化过程。总结发现，微博用户通过讨论共同建构了关于谷爱凌的一种修辞视野——有着地球村理想的奥运青年形象。

本文通过分析印证了人们对体育明星持有的“包容与多元”的思想，还证明了体育在全球传播与跨文化传播等方面的作用。这种作用在于，不断向中国回流的国际体育人才在社交媒体的传播中逐渐成为具有国际视野，能够利用自身影响力对两国文化的相互尊重起到桥梁作用，承担起连接两国受众、传播多元文化的使命。未来的研究可以进一步探索这种“第三文化人”在跨文化传播中的意义。

◎ **参考文献：**

[1] 史安斌，童桐. 平台世界主义视域下的“第三文化人”：国际传播的一种协商视角[J]. 传媒观察，2022（8）：5-12.

[2] BALES R F. Personality and interpersonal behavior[M]. New York：Holt，Rinehart，

and Winston，1970.
[3] 谢成诺.《觉醒年代》豆瓣评论的幻想主题与革命文化认同[D]. 重庆：西南大学，2022.
[4] 吕山. 新闻论述建构之女性工作者的幻想主题分析——以疫情防控期间《中国妇女网》为例[J]. 东南传播，2021（6）：1–5.
[5] 吴玫，张文瑜，林培源. 健康素养的深层分析：微信“养生软文”幻想主题研究[C]//清华大学国际传播研究中心，清华大学公共健康研究中心，中国健康教育中心，中国疾病预防控制中心. 2015年度中国健康传播大会优秀论文集. 澳门：澳门大学，2015：22.
[6] 陈亨明，杨冠强. 从性别平等到论域转换：社会主义女性体育观的嬗变[J]. 体育与科学，2021，42（3）：21–25.
[7] 高昕. 自我技术视角下青年女性的健身实践：“身体美”的审美转向与成因分析[J]. 中国青年研究，2022（9）：89–97.

以球为媒："国球"集体记忆的媒介呈现和话语建构（1986—2022年）

——基于《人民日报》图文数据库

马堉金

（陕西师范大学，陕西 西安 710062）

◎ 作者简介

马堉金：陕西师范大学2022级新闻学在读博士研究生。研究方向：媒介与社会变迁。

摘　要：在"以球为媒"视角下，本文以《人民日报》图文数据库（1986—2022年）为样本，分析"国球"集体记忆的媒介呈现和话语建构。本文运用数据分析工具Python，对《人民日报》中"国球"的报道内容进行分词抓取，将数据结果以词云图的方式更加直观地呈现。在词频抓取基础上分析"国球"集体记忆的建构脉络，从"国球"共识达成到"乒乓球命运共同体"全球视野建构的不同阶段，国家话语、民族话语始终贯穿其中。同时，通过对不同阶段的分析，总结概括媒介话语报道的多元性和丰富性，包括偶像话语、胜利话语和始终贯穿其中的国家话语，以期在数据分析的基础上，提出新的视角和理论延伸，力争建构"乒乓球命运共同体"的集体记忆，形成新的媒介话语表达。

关键词：国球；集体记忆；媒介呈现；乒乓球命运共同体；话语建构

美国爱荷华大学传播学教授约翰·杜海姆·彼得斯在《奇云：媒介即存有》著作中提出了“自然媒介”的概念，将媒介的范围扩大至自然界中的鲸、海豚、火、天空等元素，真正意义上达到了“万物皆媒”的状态。媒介即存有，那么存有的一切便皆可为媒介，乒乓球作为“社会存有物”，必然存在媒介属性。同时，媒介是一个跨界和两栖的概念，就是说，媒介“时而属于有机物，时而属于人造物”。乒乓球作为一种“人造物”媒介，当它处于“中间位置”时，不仅可以传递一种信息，联结人与人之间的交往，如竞技比赛、以球会友等；同时，它也构成了“球台—球拍—球”一体化的基础设施形态，充当着一种“元素型媒介”的角色。正如彼得斯所言：在人与人之间，各种媒介都在扮演着“元素型角色”。只有我们在将传播（交流）不只理解为讯息发送时（当然发送讯息是媒介极为重要的功能），也将其视作为使用者创造的生存条件时，媒介就不再仅仅是演播室、广播站、讯息和频道，同时也成了基础设施和生命形态。本文将乒乓球作为一种媒介考察，以《人民日报》图文数据库（1986—2022年）为样本，分析《人民日报》对于“国球”集体记忆建构的话语呈现，并展开分阶段论述，呈现“国球”集体记忆的媒介建构脉络，回溯“国球”风采，展现“国球”魅力。以新的集体记忆为积淀，力争凝聚形成“乒乓球命运共同体”的新思想。

1　研究现状

媒介的物质性这一视角在学界已经被多次提出，以弗里德里希·基特勒、西比尔·克莱默尔为代表的德国学派为这个概念的壮大起到了巨大的推动作用。如今“万物皆媒”已是一个共识性概念，学界将“万物皆媒”的范围考察延伸至自然界的事物，如学者们提出了“以鸟为媒”“以路为媒”“以碑为媒”“以驿站为媒”等的考量。但在社会媒介的考察中，“以球为媒”的相关视角仍有待挖掘，且研究潜力巨大。目前，国内有数据显示，与“以球为媒”相关的论文数量屈指可数。但在“乒乓球”和“媒介”的考察中，有关“媒介”的研究比“乒乓球”多，且多以分析乒乓球运动员的媒介形象为主，如王佳颖的硕士论文《21世纪〈人民日报〉对中国乒乓球运动员形象建构的研究》、翟玉欣的硕士论文《我国乒乓男队的媒介形象及其启示研究》等，只有刘宗雨在文章《论作为公共传播媒介的乒乓球运动》中将乒乓球运动作为一种公共传播媒介去研究；余锦程、李荣芝的论文《中国乒乓球跨文化传播与国家形象构建的实证研究》则是关于乒乓球的文化传播困境、路径、策略和国家形象建构或国际传播的研究；其余研究更多的是从专业性角度对乒乓球运动比赛中运动员的技战术进行分析，如周弈、王志明、张瑛秋的论文《乒乓球赛事传播中应用大数据分析技术的研究》等，但纵观其行文，并没有呈现出系统性的考察和写作，只是从单一的角度或方面进行阐述的，如形象分析、文化传播等。在研究方向上以上海体育学院（现为上海体育大学）李荣芝的研究成果最为明显，其将新闻传播和乒乓球运动相结合，其博士论文《乒乓球运动的历史演进及跨文化传播研究》和其指导的诸篇硕士论文，均以此为选题。从总体研究趋势上可以看出，有关乒乓球的诸多研究是以体育学科为主的，虽然体育与新闻传播的结合呈现了跨学科的研究趋势，但没有明确体现出媒介社会学或新闻传播学的特点，在新闻传播学科的研究上缺乏纵深感。

集体记忆这一概念由法国社会学家莫里斯·哈布瓦赫在《记忆的社会性结构》一文中首次提出，并将其定义为一个特定社会群体之成员共享往事的过程和结果，保证集体记忆传承的条件是社会交往及群体意识，需要提取该记忆的延续性。而媒介是集体记忆建构的基础，无论是传统意义上的纸媒，抑或是现在的数字媒介，都从不同程度上建构着我们关于事件或人物的集体记忆。媒介的发展不是脱离于社会单独运行的，没有一种媒介孤立存在，任何媒介只有在与其他媒介的相互作用中，才能实现自己的意义。

关于集体记忆的研究由来已久，所涉学科广泛、内容庞杂，研究成果也颇多。而集体记忆和体育跨学科研究只是其中之一，目前我国针对集体记忆的研究时间跨度较短（2004—2022年），因此针对体育与集体记忆的研究仍然具有较大空间。在研究内容方面，体育集体记忆的书写更多地被置于一种宏大的叙事方式之下，如“国家认同”“中华民族共同体意识”“中华民族共有精神家园”“民族国家想象”“文化认同”及“人类学视域”等，结合具体的体育项目以小见大，分析体育活动集体记忆的建构，弘扬我国体育文化精神，建设体育强国。集体记忆和媒介的研究，将媒介作为集体记忆建构的主体，分析不同集体记忆对社会、国家、个人的影响，如《文化记忆与中华民族共同体意识建构》《作为记忆媒介的博物馆：

对公共事件的叙事与传播》《旅游开发影响下民族社区文化记忆的代际传承——以西安回民街历史文化街区为例》等。随着媒介社会化程度的日益加深，媒介已然潜移默化地成为维持社会运行的“血液”，媒介建构集体记忆的程度加深，学者们的研究也与社会实际相契合，更加关注媒介集体记忆或集体记忆的媒介呈现。单从数量上来说，相关研究的发文量逐年增加；同时，研究内容也更加多样化，呈现出繁荣景象。

2 研究方法与问题

本文以《人民日报》图文数据库（1986—2022年）中的“国球”为关键字进行搜索，发现第一篇出现“国球”字眼的报道在1986年7月14日，从此日期开始统计，截至2022年10月相关报道共有486篇。在这486篇报道中，以下四种报道情况不计入分析样本：(1) 人名中包含“国球”字眼，如“罗国球”“陈国球”等；(2) 其他国家的“国球”报道，如巴西“国球”足球、印度“国球”板球等；(3) 体育赛程预告（赛事发布），如乒乓球世界杯团体赛开幕时间、乒乓球世界锦标赛时间等；(4) 重复出现的报道。经过筛选，有效报道为223篇。运用数据分析工具Python对223篇报道内容进行分词抓取，然后根据词频数量，抓取词频数前300的分词，运用词云图进行词频呈现（图1）。可以看出，《人民日报》对于“国球”集体记忆报道的总体建构具有强烈的国家认同、民族认同、爱国主义情怀，同时“国球”荣耀及运动员本身是集体记忆不可分割的一部分。这与我国日益强盛的综合国力和国家建设体育强国的战略部署不无关系，党的十八大以来，以习近平同志为核心的党中央站在国家发展、民族复兴的高度，对体育强国建设作出整体谋划、系统部署，提出了一系列新理念、新思想、新战略，并明确提出到2035年建成体育强国、健康中国的远景目标。体育被赋予了全新的内涵和外延，体育强国、健康中国建设蹄疾步稳，全民健身、竞技体育、体育产业等协调发展。

图1　《人民日报》（1986—2022年）“国球”报道词云图

本文通过对这223篇“国球”报道内容进行分阶段分析，阐释了《人民日报》对集体记忆媒介呈现的阶段性特征和《人民日报》对“国球”报道的媒介话语。将“国球”集体记忆的媒介呈现分为四个阶段（表1）：第一阶段为1986—1999年，共有33篇报道，该阶段“国球”话语达成共识，乒乓球运动进入辉煌时期；第二阶段为2000—2007年，共有85篇报道，该阶段“国球”话语形成动员功能，达到“乒乓”狂欢的盛况；第三阶段为2008—2016年，共有78篇报道，本阶段的“国球”话语以自我审视为主，体现了超前的危机应对意识；第四阶段为2017—2022年，共有27篇报道，此阶段“国球”话语在全球视野下，力争构建“乒乓球命运共同体”话语。每个阶段《人民日报》关于集体记忆的媒介话语都具有国家认同、爱国主义等总体特征，但多元话语还包括偶像话语、胜利话语。

表1　《人民日报》（1986—2022年）“国球”报道的阶段

时间	数量/篇	占比/%
1986—1999年	33	14.80
2000—2007年	85	38.12
2008—2016年	78	34.98
2017—2022年	27	12.11

注：数据采用四舍五入形式保留，故存在相加之和为99.99%或100.01%的可能性。

本文研究的主要问题是：《人民日报》对“国球”是如何分阶段报道的？不同阶段媒介对于“国球”集体记忆的建构脉络如何呈现？因此，本文基于对《人民日报》图文数据库（1986—2022年）报道内容的抓取和分析，梳理各阶段媒介话语表达的特征，总结概括“国球”的多元话语，以期形成新的媒介集体记忆的话语表达。同时，希望能延伸“乒乓球命运共同体”的媒介呈现。

3 研究发现与分析

3.1“国球”集体记忆的建构脉络

3.1.1“乒乓”建构：“国球”集体记忆的共识达成（1986—1999年）

1959年，容国团在德国多特蒙德第25届世界乒乓球锦标赛（以下简称“世乒赛”）上第一次夺得世界冠军，为我国乒乓球运动的发展拉开了序幕。此后掀起了一股“乒乓球热”，之后我国国家乒乓球队（以下简称“国乒队”）不断取得辉煌成绩：1981年在南斯拉夫诺维萨德第36届世乒赛上，国乒队包揽了7枚金牌，乒乓球逐渐发展成我国的“国球”。此后人们对于“国球”这一概念的认识和使用经历了一个过程，直到1986年7月14日，《人民日报》发文《宣传小球　振兴小球　首都体育记者乒乓队成立》第一次在主流媒介报道中采用了“国球”的说法，至此人们关于“国球”集体记忆的媒介建构开始形成。20世纪80年代中期，“国球”乒乓的称谓正式出现，并通过各类报刊开始传播。到了20世纪90年代，乒乓球作为我国“国球”的认识已经得到普及和发展，“国球”乒乓的地位初步形成。

在之后的“国球”实践活动中，国乒队接连取得耀眼的战绩：1995年在天津第43届世乒赛中，国乒队夺得了本届世乒赛全部7项冠军；1996年在亚特兰大奥运会上，国乒队收获了4枚金牌；1997年在英国曼彻斯特第44届世乒赛上，国乒队拿下了6枚金牌；1999年在荷兰埃因霍温第45届世乒赛中，国乒队赢得全部单项的5枚金牌。虽然“国球”比赛也经历过失败和坎坷，如1988年“兵败汉城”；1989年痛失保存八年之久的“斯韦思林杯”，但终究“痛定思痛”，而后“重铸辉煌”，并越发强盛。至此，“国球”话语达成了高度共识。

在《人民日报》（1986—1999年）有关“国球”的报道中，其媒介呈现仍以体现“国家认同”的词汇居多，如“中国（138）”“我们（56）”“中国队（39）”“国球（34）”“中国乒乓球队（28）”“我国（26）”等，集体记忆流动中的媒介呈现包括“世界冠军（22）”“金牌（18）”“胜利（15）”等代表辉煌战绩的媒介话语。毫无疑问，国家认同是每一个中国人必须形成的认知结构，尤其是在代表国家形象时，它可以指导我们去实现更崇高的理想。“国球”发展的进程淋漓尽致地体现了“国家认同”“爱国主义”对“国球”团队的影响，远大的目标是靠崇高的理想支撑的，这就是“祖国荣誉高于一切”的爱国主义精神。“爱国主义”是国乒队这个先进集体的脊梁。1995年，徐寅生当选国际乒乓球联合会（以下简称“国际乒联”）第五任主席，意味着我国在世界乒坛中有了更多的话语权。我国乒乓球运动的发展史也是我国历史的一个缩影、一个窗口。

3.1.2 “乒乓”狂欢：“国球”媒介的动员功能（2000—2007年）

新世纪，新气象。尽管在世纪交替之际，乒乓球经历了“小球变大球”的规则改变，但“国球”依然保持长盛势头，2001年国乒队第三次将世乒赛的7项桂冠全部收入囊中。而且这次与前两次不同，是在改用大球之后，国乒队依然强势不改，所向披靡。在“国球”话语认同下的集体记忆，达到了一种“乒乓”狂欢的盛况。归根结底，这是国家对乒乓球的重视、是人民的支持、是乒乓球运动员强烈的国家认同感和坚持不懈努力的结果。从《人民日报》（2000—2007年）“国球”报道词云图（图2）可以看出，“中国”“乒乓球”“中国队”“中国乒乓球队”“国家”等词汇依然是媒介建构集体记忆的主流话语。《人民日报》以“国家认同”为导向，强化了人们对于“国球”的认识。我国乒乓球运动四十多年长盛不衰，最根本的原因是党和国家对乒乓球事业的一贯重视和关心，是全国人民的厚爱和支持。一代又一代的乒乓健儿遵循党的教导，把爱国、奉献、团结、拼搏的作风贯彻到自己从事的事业中，落实到一球一板之上。

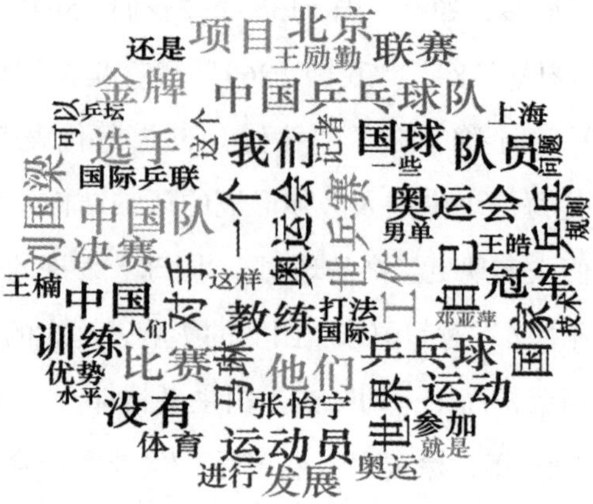

图2 《人民日报》(2000—2007年)“国球”报道词云图

在“国球”的长盛势头之下，激发了国人对于乒乓球运动的爱好和追捧，越来越多的普通人参与到乒乓球运动的实践活动中，越来越多的乒乓球俱乐部、乒乓球训练基地涌现，各种比赛层出不穷，“乒乓”狂欢的盛况，不仅提升了我国乒乓球整体的竞技水平，而且为国乒队的选拔提供了充足的人才储备，使“国球”这一称号实至名归。《人民日报》在2004年12月21日的报道中写道：“看着这些比赛，你会感到，我们的国球真是有不少卧虎藏龙的民间高手，以球会友在这里是一个让你心动的自觉行为，你会真正感受到乒乓文化，已经深深融入中国广袤的土地。”在全民乒乓的狂欢之下，会有新的机遇和新的成就，“国球”定能续写新的辉煌。

3.1.3 “乒乓”反思：“国球”话语的自我审视和突破(2008—2016年)

“国球”运动自1959年容国团获得第一个世界冠军开始，便进入了长足的发展时期。从“重铸辉煌”到“乒乓”狂欢的壮观，尤其是在2008年北京奥运会、2012年伦敦奥运会、2016年里约热内卢奥运会上国乒队包揽了项目（男单、女单、男团、女团）全部的金牌，国乒队的辉煌战绩无愧于“国球”称号，真正阐释了“国球”由来的原因。也再次证明了我国乒乓球不仅有了“量”（“国球”运动的参与人数）的优化，更有了“质”（“国球”的辉煌成绩）的飞跃。

近年来，日本、韩国、德国等国家乒乓球队不断向我国发起挑战，虽然我国仍然占据着绝对的主导地位，但长此以往，势必会对“国球”产生冲击。在如此境况之下，“国球”要想走得更远、更稳，避免“衰落”，必然要去“求新、求变”，以超前的“危机意识”去应对“国球”未来发展的新变化，“安不忘危，盛必虑衰”。《人民日报》以“求新”“求变”“改革”等话语，为“国球”的长足发展探寻出路，为我国在2035年建成“体育强国”谋篇布局。这一阶段《人民日报》的数篇报道（表2）连续而深刻地揭示了“国球”发展的危机以及我国对危机的应对，如“养狼”“警报”计划，形成了“走下领奖台，一切从零开始”的媒介集体记忆。

表2 《人民日报》（2008—2016年）关于“国球”“危机意识”的报道

题目	时间	作者	版面
《“国球” 能把压力变动力吗》	2008年7月10日	刘小明	第6版
《乒乓球怎样保持吸引力》	2008年8月18日	刘小明	第10版
《“乒乓球危机”正在逼近》	2008年8月19日	刘小明	第3版
《改变观念与端正意识》	2008年10月30日	汪大昭	第12版
《在竞争中磨砺》	2008年12月8日	汪大昭	第12版
《国球的烦恼》	2009年5月6日	汪大昭	第16版
《中国乒乓球“越限制，越强大”的说法再次被验证 国际乒联“设障” 难撼国球辉煌》	2009年5月7日	季芳	第8版
《乒乓运动 固本为先》	2009年6月5日	季芳	第12版
《从“狼来了”到“养狼计划”》	2009年6月12日	陈昭	第12版
《敢于直面失败 奋力超越自我 新中国体育越挫越强挺直脊梁》	2009年9月18日	汪大昭	第13版
《刘国梁谈封闭冬训—竞争越残酷越好》	2010年1月4日	王继晟	第14版
《国球应有更多担当》	2010年5月31日	钟文	第8版
《世乒赛团体赛决赛负于新加坡队 中国女乒怎么了》	2010年6月2日	王继晟	第14版
《国球的“养狼”与“惧狼”》	2011年2月16日	郑红深	第8版
《如何将项目优势转化为产业优势 国球应打好“国际牌”》	2011年3月24日	王继晟	第15版
《乒乓强盛 为何还忧》	2011年5月19日	刘小明	第15版
《捍卫国球的荣誉需要远见与智慧》	2012年7月25日	钟文	第15版
《奥运再瘦身 国球遭威胁》	2012年12月19日	罗俊	第8版
《乒乓解忧之谏》	2013年5月21日	汪大昭	第15版
《国球失去了什么》	2015年5月5日	汪大昭	第16版
《国乒里约之路有哪些坎儿》	2016年5月24日	汪莹	第8版
《包揽4金牌 成就3连冠 国乒：越开放包容越天下无敌》	2016年8月19日	张保淑	第8版
《传统优势项目拉响“里约警报”》	2016年8月19日	陈晨曦 郑轶 刘硕阳 马剑	第15版

同时，由于媒介环境的变化，社会的媒介化程度日益加深，“国球”集体记忆也逐步趋于多样化，尤其以“国球”运动员的媒介形象变化为主。集体记忆从具体的符号到抽象的意义具有一定的层次结构，其形态随着参与互动的主体以及环境的变化而不断变化。“国球”的集体记忆在某种程度上而言已然上升为精神层面的指向，“国球”运动员随着媒介环境的变化以及与“粉丝群体”的互动，突破了旧有媒介中“体育闭圈”的集体记忆，形成了兼具“运动员”“偶像”“意见领袖”多元破圈的集体记忆。从《人民日报》(2008—2016年)“国球”报道词云图（图3）中可以看出，关于运动员的分词有所增加，如王励勤、丁宁、马龙、刘国梁、张怡宁、刘诗雯、王楠等。这无疑提升了“国球”的影响力，为“国球”的进一步发展培育了良好的舆论环境。媒介传送的信息既代表了媒介主体的各种行为，也体现了其所在的生态体系以及经济体系之间的关系。例如，王楠退役后，积极投身乒乓球事业，打造了“威海乒乓球训练基地”，成立了“国球舍”，为“国球”的发展营造了更好的生态环境。此阶段良好的媒介形象记忆的形成或许可作为乒乓球经济产业发展的原因之一。

图3 《人民日报》(2008—2016年)“国球”报道词云图

3.1.4 乒乓球命运共同体："国球"媒介的全球视野（2017—2022年）

国家的付出、人民的支持和运动员的努力共同成就了"国球"的辉煌，使"国球"可以驰骋在国际乒乓球赛场。乒乓球作为"国球"，在世界乒坛中处于领先地位，因此在国际赛场交流时，我国应承担更多的责任，引领乒乓球走向更高的竞技水平，应以开放的姿态，将中国乒乓球作为主导，吸引更多的乒乓球国际爱好者共同进步，带动更多国家的乒乓球运动的发展，共塑世界"乒乓球命运共同体"，实现世界乒乓球"百花齐放"的局面，而不是"唯我独尊"的孤独。"乒乓球命运共同体"的发展，是乒乓球运动员在寻找认同过程中所形成的"运动员境况"本然的一部分，他们在追寻超越的过程中也遭遇过低谷，经历过坎坷。但追求的最终目的势必是形成一种"命运共同体"，推动乒乓球运动朝着更高水平发展。

随着"国球"实力的长盛，我国在世界乒坛中的话语权日益凸显。2020年，刘国梁担任世界乒乓球职业大联盟理事会主席，全面领导和开拓世界乒乓球的未来；2021年，许昕当选亚洲乒乓球联盟副主席；2022年，刘诗雯成为国际乒联运动员委员会委员……在"国球"走向世界的过程中，越来越多的运动员发挥"偶像"和"意见领袖"的作用，提升"国球"在世界乒坛的话语权。人们关于"国球"的集体记忆也更多地聚焦于"偶像级"运动员，如球迷关于马龙的集体记忆被定格在2020年东京奥运会赛场上群情激昂的胜利以及"双圈大满贯"的传奇之中。在数字媒介的沉浸式直播和官方媒介的实时报道中，马龙书写了有关"国球"传奇的新记忆，"国球"的集体记忆被不断更新和巩固。

以"国球"媒介的全球视野，建构"国球"话语的新记忆。以"国球"为媒介，以"球星"加持，力争讲好中国故事，发展中国模式，引领世界乒坛，共塑"乒乓球命运共同体"。"地表最强12人"系列已然成为我国乒乓球的品牌赛事，国际乒联前主席托马斯·维克特赞叹："我希望其他国家也能学习和借鉴这一做法。我认为这样的比赛才是乒乓球转播、观看的正确方式和未来的发展方向，值得其他协会效仿。"让"国球"风靡世界，中国要以更大的格局、更高的位置来建设更完善的发展体系，刘国梁坦言，原来更多地考虑成绩和中国的发展，现在要考虑世界和未来的发展。

《人民日报》关于“国球”的媒介呈现，在每个阶段所形成的不同的媒介话语，构建了人们关于“国球”的集体记忆，展现了“国球”发展的不同特征。而现阶段新的媒介话语表达，助推了“乒乓球命运共同体”的观念传播，构建了大国形象，展现了大国风采。当前我国正在以积极的态势发挥着世界乒坛的引领作用，有力推动“乒乓球命运共同体”的建立。刘国梁说：“世界乒乓是一个命运共同体，大家要团结一心，为了乒乓球事业发展而推广，希望每一个国家、每一个协会、每一个明星运动员，都能够发挥自己的主观能动性，让更多的人接触乒乓球、了解乒乓球、喜欢乒乓球。”

3.2 “国球”集体记忆的媒介话语

3.2.1 偶像话语：实现“国球”跨界传播

在大众传播时代，将体育明星塑造成大众偶像的任务主要由媒介承担。《人民日报》作为主流媒体的权威代表，通过对“国球”运动员的相关报道，将传统意义上的体育明星，塑造成为“全民偶像”的代表。新闻媒体将“国球”运动员的辉煌战绩和精彩瞬间在全国范围内传播，扩大球员的影响力和引导力，使运动员的知名度不再仅局限于体育领域，而是以“偶像”的身份引领“国球”突破闭圈传播。打造“现象级”和“偶像级”运动员，这也是延续乒乓球影响力的关键所在。2016年里约热内卢奥运会以后，马龙、丁宁等兼具实力与个性的球员收获了大批年轻“粉丝”，极大地释放了乒乓球运动的影响力，也促进了“国球”的市场化转型。

“国球”运动员逐渐抽象为象征化的“符号”，符号之中所蕴含的是出色的成绩、炫酷的球技，这是“国球”长盛不衰的保证，是信心，是力量。在《人民日报》的报道词频中，运动员的词频是重要的一部分。媒介化时代，媒介资源的丰富和便捷，使传统意义上的运动员逐渐转变为“偶像”球星，从刘国梁到陈梦、孙颖莎，球迷们对“国球”项目和运动员的逻辑关系发生倒置，从因喜爱乒乓球而喜爱球员转变为因喜爱球员而去喜爱乒乓球，尤其是对新生代球员如马龙、许昕、丁宁、孙颖莎等的个人崇拜，产生“粉丝”“饭圈”的追星话语。以球星的偶像传播力，实现“国球”的跨界传播。很多年轻人以“网红”球员为切口，开始了解国乒队，了解这支“王牌之师”的历史和辉煌，了解这项被称为“国球”的运动所承载的情感和所释放的能量。

3.2.2 胜利话语：共塑“国球”集体荣誉

胜利话语将“国球”集体记忆置于国乒队夺冠的辉煌时刻。在胜利话语的记忆中，形成了对“国球”历史地位和体育价值的肯定，在我国建设社会主义体育强国的过程中，“国球”成为凝聚国民精神、展现中国风采的媒介。国乒队是体育战线的一面旗帜，多年来为国家争得了荣誉，鼓舞了人民的信心。“赢得荣誉，为国争光”成为胜利话语的基调。“国球”辉煌的战绩和厚重的历史为胜利话语的书写奠定了现实基础。奥运会、世界杯、世乒赛的媒介报道是滋生胜利话语的重点比赛，如《亚欧高手轮番冲击 难挡国乒包揽之势》（2011年鹿特丹世乒赛）、《世乒赛完美收官 梦之队再铸辉煌》（2015年苏州世乒赛）、《包揽4金牌 成就3连冠 国乒：越开放包容越天下无敌》（2016年里约热内卢奥运会）、《向前，进攻！为国争光！——听陈梦、孙颖莎讲述奖牌背后的故事》（2020年东京奥运会）。具体赛事的媒介报道建构了一种“唯我独尊”的集体记忆，在长期的重复报道中，胜利话语成为媒介报道的重要基调。

3.2.3 国家话语：赋予“国球”政治身份

“国球”媒介报道的国家话语站在政治高度，将“国球”的辉煌战绩置于国家层面的宏大叙事中，引起了民众对中华民族的高度认同感，强调民族自豪感和国家意识。将“国球”的荣辱得失与国家立场紧密相连，激发了运动员的使命感和仪式感。同时，将“国球”作为媒介，联结各国乒乓球运动员，建立“乒乓球命运共同体”的外交思维，促进了国家外交关系的友好展开。因而“国球”除了作为一种体育媒介，也被赋予了一层“政治身份”。20世纪70年代，“小球转动大球”的中美“乒乓外交”，成为世界外交史和体育史上的经典一幕。我国和比利时的关系也因乒乓球的交流而进一步提升，2017年时任比利时国家奥委会副主席的让-米歇尔·塞弗如是说：“我们的合作越来越紧密，有不少比利时青少年乒乓球运动员有机会去中国接受训练。期待中比交流之路越走越宽。”《人民日报》的国家话语贯穿“国球”报道的始终，为“国球”赋予了“政治身份”，要求国乒运动员在代表国家参加国际比赛时，代表国家立场，强调国家利益，为国家荣誉而战。

4 讨论

本文在“以球为媒”的视角下，基于《人民日报》图文数据库（1986—2022年）中的“国球”报道，阐释并分析“国球”集体记忆的媒介呈现，厘清“国球”集体记忆的媒介建构脉络，了解“国球”的发展及演变历程，在既往集体记忆的研究基础上，扩充内容、延伸视角，为“集体记忆”“媒介”的研究添砖加瓦。同时，《人民日报》以偶像话语、胜利话语和国家话语等多重话语建构了媒介报道的丰富性和多元性。

纵观《人民日报》关于“国球”报道的媒介呈现可以发现，在建构集体记忆过程中媒介表达了不同的话语特征。整体性的媒介呈现必然是“国家认同”“民族认同”“爱国主义”等主流话语，媒介话语强化了国家认同。但建构的集体记忆并不是一成不变的、固化的，在“国球”媒介化实践的不同阶段，集体记忆的媒介话语建构也具有流动性，“国球”话语从“反思”到“狂欢”、从“危机”到“世界”，以全球视野构建“乒乓球命运共同体”，犹如中国现代化发展演变的历史缩影。

虽然本文梳理了“国球”集体记忆的建构脉络和“国球”报道的媒介话语，提出了“乒乓球命运共同体”的观念，但在学理性的讨论上仍有欠缺。“国球”媒介作为一种“物”的形态，在集体记忆的媒介建构话语中将其上升到国家认同，以“国球”彰显大国精彩，可以提升国民的国家认同感。国家认同这种心理能促使人们明晰自身国民身份，积极参与国家公共事务，体悟本民族文化，在情感上更加支持和热爱自己的国家。“国球”的国家认同集体记忆的建构，无疑是“乒乓”狂欢的心理基础，促使国民以“国球”为媒介，体悟国家文化。而这种国家情感、国家认同通过集体记忆的延续得以传承。

◎ 参考文献：

[1] 约翰·杜海姆·彼得斯. 奇云：媒介即存有[M]. 邓建国，译. 上海：复旦大学出版社，2020.

[2] 胡翼青，张一可. 媒介的呈现性与物质性：当下媒介化研究的两元取向[J]. 青年记

者，2022（19）：26–29.
[3] 王佳颖. 21世纪《人民日报》对中国乒乓球运动员形象建构的研究[D]. 上海：上海体育学院，2019.
[4] 翟玉欣. 我国乒乓男队的媒介形象及其启示研究[D]. 西安：陕西师范大学，2018.
[5] 刘宗雨. 论作为公众传播媒介的乒乓球运动[J]. 新闻爱好者，2017（2）：88–90.
[6] 余锦程，李荣芝. 中国乒乓球跨文化传播与国家形象构建的实证研究[C]//中国体育科学学会. 第十二届全国体育科学大会论文摘要汇编——专题报告（体育新闻传播分会）. 上海：上海体育学院，2022：142-144.
[7] 周弈，王志明，张瑛秋. 乒乓球赛事传播中应用大数据分析技术的研究[J]. 广州体育学院学报，2016，36（6）：39–44.
[8] 李荣芝. 乒乓球运动的历史演进及跨文化传播研究[D]. 上海：上海体育学院，2012.
[9] 莫里斯・哈布瓦赫. 论集体记忆[M]. 毕然，郭金华，译. 上海：上海人民出版社，2002.
[10] 马歇尔・麦克卢汉. 理解媒介：论人的延伸（55周年增订本）[M]. 何道宽，译. 南京：译林出版社，2019.
[11] 冯月季，王丽雅. 文化记忆与中华民族共同体意识建构[J]. 中南民族大学学报（人文社会科学版），2022，42（9）：54–60.
[12] 张昱. 作为记忆媒介的博物馆：对公共事件的叙事与传播[J]. 复旦学报（社会科学版），2021，63（3）：97–104.
[13] 郭云娇，王嫣然，罗秋菊. 旅游开发影响下民族社区文化记忆的代际传承——以西安回民街历史文化街区为例[J]. 地理研究，2021，40（3）：869–884.
[14] 李根，高嵘. 国家认同与集体记忆："国球"乒乓的塑造过程及象征意义[J]. 沈阳体育学院学报，2019，38（4）：78–85.
[15] 王鼎华. 国球长盛考[N]. 人民日报，1995–09–13（8）.
[16] 薛原. "乒乓至宝"见证辉煌[N]. 人民日报，1999–12–29（8）.
[17] 郑红深. 登峰造极之后[N]. 人民日报海外版，2002–04–01（12）.
[18] 郑红深. 乒乓球爱好者的乐园[N]. 人民日报海外版，2004–12–21（3）.
[19] 张庆园. 传播视野下的集体记忆建构[M]. 北京：中国社会科学出版社. 2015.
[20] 汪灵犀，孙巍. 期待更多"福原爱"[N]. 人民日报，2018–10–24（9）.
[21] 本尼迪克特・安德森. 想象的共同体：民族主义的起源与散布[M]. 吴叡人，译.

上海：上海人民出版社，2016.

[22] 刘奇，毛思倩. “地表最强12人”——乒乓球市场化迈出一大步[N]. 人民日报，2019-03-20（9）.

[23] 刘晓. “不懂球的胖子”有了新职务　刘国梁：再造大满贯[N]. 人民日报，2020-07-01（9）.

[24] 赵梦骄，刘承宇. 中美媒介体育偶像塑造话语的评价视角研究——以姚明为例[J]. 重庆邮电大学学报（社会科学版），2012，24（3）：122-127.

[25] 薛原. 优势项目如何实现价值转换[N]. 人民日报，2017-01-20（23）.

[26] 肖鸿波. 从一元到多元：新中国体育传播的话语变迁[J]. 新闻记者，2017（12）：63-69.

[27] 孙龙飞，徐昱，边玉翔. 荣耀之师：中国乒乓球队　志在赛场　情系祖国[N]. 人民日报，2021-04-30（19）.

[28] 刘晓，杨磊. 从中美乒乓球跨国配对说开去[N]. 人民日报，2021-11-24（9）.

[29] 刘续. 追求卓越 国球永远在路上——专访中国乒乓球队教练王皓[N]. 人民日报，2019-11-13（9）.

[30] 和谐. 政治仪式对国家认同的建构功能[J]. 哈尔滨工业大学学报（社会科学版），2022，24（6）：44-50.

中国功夫的感知与想象：基于扎根理论的方法

胡 华

（北京体育大学，北京 100084）

◎ 作者简介

胡 华：北京体育大学在读博士研究生，参与了 2 项国家社科基金项目，1 项国家体育总局决策咨询项目，1 项中央高校基本科研业务费专项基金暨北京体育大学 2022 年度拔尖创新科研项目，在 CSSCI（中文社会科学引文索引）期刊发表论文 2 篇。研究方向：武术跨文化传播与体育文化研究。

摘 要：本文以海外具有代表性与影响力的社会化问答社区 Quora 为研究平台，以该平台用户对中国功夫（Chinese Kung Fu）的部分互动问答为研究文本，利用扎根理论研究方法对有效样本进行质性分析。研究发现，作为民间交流用语的“中国功夫”对海外受众具有较强的吸引力，以功夫影视为主要传播媒介的中国功夫知识体系在起源、定义等方面吸引了海外受众的兴趣，主要可以分为中国功夫的历史与发展、中国功夫的影视化传播以及中国功夫的感知与想象 3 个范畴。在海外受众对中国功夫的感知与想象中，中国功夫及其体系下的各类拳种的真实性和实用性具有较为正面且中肯的评价，但同时也不乏一些对“功夫大师”“功夫电影”的负面认知。值得一提的是，中国功夫在海外受众的认知中并非一个统一形象，多数海外受众对其仍存在较多东方奇观化的想象。这一方面源自部分功夫影视过度塑造不实的“武术奇观”；另一方面也源自中国功夫本身的博大精深，较难以单一的媒介形态呈现其背后深厚的文化张力和底蕴。未来中国功夫的跨文化传播还需要利用好海外社交媒体平台，全方位、多模态地塑造真实的中国功夫形象，构建海外受众可感易懂的中国功夫知识体系。

关键词：中国功夫；感知；想象；受众；扎根理论

“中国功夫”是中国武术的别称，同时也是中国文化的明信片。作为中国武术跨文化传播的重要主体，海外受众对于中国功夫的感知与想象是我国武术跨文化传播的重要前提。中国武术跨文化传播虽已初见成效，但仍可精益求精，向文化“走进去”的方向发展。部分学者提出将中国武术国际传播的理念从“走出去”升级迭代为“走进去”，以引领中国武术走出国际传播的困境。当前，在中国武术跨文化传播这一过程中，传者与受者的跨文化交流极为复杂，制约着武术的传播与发展，武术实际传播效果差强人意，众多海外受众对中国功夫的认识较为混乱，不仅对“Wushu”与“Kung Fu”这类基础定义的理解和认可的程度不一，而且对于中国武术文化及其内涵更是不知所云、难以接受与理解。有学者建议，应考虑传受双方所处的共同语境并且动态地理解交流的内容与意义。

当前，互联网成为海外受众认知中国文化的首选渠道。众多学者提出了借力新媒体传播逐步提升海外受众对武术文化认知度的建议，因此，通过海外社交平台了解海外受众对中国功夫的真实感知与理解、打破中国武术跨文化传播过程中信息不对称的现象具有重要意义。然而，在当前对于中国武术跨文化传播的研究中，鲜见对海外社交平台的实证研究。基于此，本文以海外社会化问答社区 Quora 平台上用户对中国功夫（Chinese Kung Fu）的提问与回答文本为切入点，使用扎根理论的方法对其进行探索性研究，以深入了解海外受众对中国功夫更为真实的感知与想象，为中国武术跨文化传播提供有益参考。

1 研究设计

1.1 研究对象

近年来，社区问答网站逐渐成为传播学者的重要研究对象之一。具有专业性、交互性、社交性以及开放编辑特征的社会化问答社区，是基于社会化网络关系形成的公共的知识平台。社交问答网站允许用户提问并且回答他人的问题，能够为用户提供更为个性化的支持和更好的用户体验。本文以Quora平台上用户关于中国功夫的问答文本为研究对象。对Quora平台上的问答文本的选取基于以下原则：在海外具有较高影响力、用户日常问答行为较为活跃、问答内容质量较高、互动文本呈现形式为英语、中国功夫问答内容具有一定规模以及样本较易获得。

Quora平台诞生于2009年，用社交媒体的流行元素强化了传统的问答模式，并鼓励用户提供自己的姓名、地点和出处，更具真实性和社交性。已有研究表明，Quora平台通常可以基于用户名和虚拟形象提供的周边社交线索为用户提供专业且高质量的回答；同时能够优化用户生成内容的质量和平衡流量与质量之间的关系。这种模式允许更高的质量控制，且可以引导用户基于其他标准（如职业、城市等）而不（只）是基于相似的兴趣来组成社区。同时，该社区的用户来自世界各地（集中于印度、美国、英国，其他国家用户比重较为平均且占比较低）。因此，通过对Quora平台用户问答文本的深度进行分析，有助于了解海外受众对中国功夫的感知与想象、把握其对中国功夫的“文化好奇”。

Quora平台是研究中国武术跨文化传播未被充分挖掘的社会化问答社区。在该平台上，与中国功夫相关的话题较多，诸如“Kung Fu”（功夫）、“Wushu”（武术）、“Wing Chun”（咏春拳）、“Shaolin Kung Fu”（少林功夫）、“Bruce Lee”（李小龙）等，且相关话题已经具备相对稳定的用户群体（表1）。

表1　Quora平台与中国功夫有关的部分子话题

话题名称	关注人数/千人	话题名称	关注人数/千人
Kung Fu（功夫）	62.2	Martial Arts movies（武术电影）	19.4
Wushu（武术）	2.4	Kung Fu Panda（creative franchise）（《功夫熊猫》）	221.5
Wing Chun（咏春拳）	33.1	Tai Chi Chuan（太极拳）	11.4
Shaolin Kung Fu（少林功夫）	7.7	Bruce Lee（李小龙）	104.6
Shaolin（少林）	15.7	Martial Arts（武术）	219.5

注：数据截至2022年11月1日。

1.2 研究样本

本文选择使用检索关键词"Chinese Kung Fu"下的74篇问答文本作为本文的分析样本，选择依据是该关键词问答内容涵盖面更广、与中国武术关联更为密切、问答更具有代表性、内容集中度更高、问答浏览量较大。通过人工阅读和分析，排除其中问题或回答中存在的包含关键词、但实际含义与中国功夫无关的10篇问答文本（如"有没有什么非功夫电影推荐""《功夫大战》这首歌有种族歧视吗？"等问答），最终获得有效样本64篇。

1.3 研究方法

现有关于海外受众对中国功夫的感知与想象的理论性探讨较少，对理论的把握是本文的难点。一方面，扎根理论适用于处于尚未成形理论阶段的研究；另一方面，海外受众对中国功夫的感知与想象涉及较多主观感受，较难进行量化。因此，本文采用扎根理论，对爬取与人工筛选后的问答文本进行质性分析。

扎根理论是由哥伦比亚大学的安塞尔姆·施特劳斯和巴尼·格拉泽两位学者提出的一项研究方法，强调基于原始材料，通过对其进行自下而上的归纳，得出经验概括，最后上升到系统和理论，是一种自下而上建立实质理论的方法。扎根理论对所搜集的文本资料通过开放性译码、主轴译码、选择性译码3个过程进行分析、提炼与归纳，并形成概念与范畴。本文采用扎根理论对Quora平台用户关于中国功夫的问答内容进行分析，以此寻找以该平台为代表的海外受众对中国功夫的感知与想象及其所呈现的特点。

具体分析步骤如下：首先，笔者将有效问答文本整理至文档中作为分析样本，另除去回答者名字、回答者个性签名、浏览量、点赞量、评论量、分享量等信息，而后导入分析软件NVivo12中；其次，在没有明确海外受众对中国功夫的感知与想象的前提下，随机选取有效样本中的48篇问答文本进行三级编码，余下的16篇（占样本量的25%）用于理论饱和度检验。

2 分析与讨论

2.1 开放性译码分析

按照上述扎根理论方法对随机抽样的48篇问答进行分析。并对Quora平台上中国功夫问答有效样本的开放性译码进行语义举例（表2）。通过上述方法，得到579个有效标签、200个初步化概念、41个概念（表3）、11项范畴（表4）。

表2 Quora平台用户对“中国功夫”问答有效样本开放性译码——初步概念化

部分原始资料	开行性译码			
	标签（aa）	初步化概念（a）	概念（A）	范畴（B）
So the Chinese Kung Fu is not only a boxing, but a complete system for dealing with all kinds of dangerous situation.（aa1）	aa1：中国功夫不仅是一种拳术，而且是一个能处理各种危险情况的完整系统	a1：功夫是学无止境的系统（aa1；aa2；aa3；……；aa36；aa45）	A1：武术及相关概念的定义（a1；a2；a3；a4；a5；a6；a7；a8）	B1：武术的概念辨析（A1；A2）
It literally translates to “the art of fight”.（aa2）	aa2：武术被翻译为“格斗的艺术”	……	A2：武术及相关概念的辨析（a9；a10；a11；a12；a13；a14；a15；a16；a17）	……
Martial arts means art of fighting which has the same meaning in Chinese Kung Fu, any form which is used to fight is called（in English or usually）Martial arts and in Chinese it's Kung Fu.（aa3）	aa3：武术是与中国功夫具有相同含义的打斗艺术，任何用于打斗的形式都被称为武术（英语或其通用国家），而在中国则被称为功夫	……	……	B3：武术的构成及内涵(A4；A5；A6；A7；A8；A9；A10；A11；A12)
……	……	……	……	……

注：因本文共得到579个有效标签的相关内容无法在此处一一列出，该表仅列举部分内容。括号中的编号为对全部内容的整合和归类。

表3　Quora平台问答样本概念化一览表

序号	概念化	序号	概念化
1	A1：武术及相关概念的定义（a1；a2；a3；a4；a5；a6；a7；a8）	19	A19：传统武术与现代（竞技）武术的互动（a74；a75；a76）
2	A2：武术及相关概念的辨析（a9；a10；a11；a12；a13；a14；a15；a16；a17）	20	A20：武术在中国的发展现状（a77；a78；a79；a80；a81；a82；a83；a84；a85；a86；a87；a88；a89）
3	A3：武术起源论（a18；a19）	21	A21：武术在国外的发展现状（a90；a91；a92；a93；a94；a95；a96；a97；a98）
4	A4：传统武术（a20；a21；a22）	22	A22：政治因素（a99；a100；a101）
5	A5：剑道（a23）	23	A23：社会因素（a102；a103；a104）
6	A6：擒拿（a24）	24	A24：文化因素（a105）
7	A7：散打（散手）（a25；a26）	25	A25：个人因素（a106；a107；a108；a109；a110）
8	A8：少林功夫（a27；a28）	26	A26：提高武术技能的方法（a111；a112；a113；a114；a115；a116）
9	A9：咏春拳（a29；a30）	27	A27：难以学好功夫的原因（a117；a118；a119）
10	A10：中国式摔跤（a31；a32；a33；a34）	28	A28：影响功夫练习的因素（a120；a121；a122；a123）
11	A11：太极（a35；a36；a37）	29	A29：功夫影视作品（a124；a125；a126；a127；……；a143）
12	A12：现代（竞技）武术（a38；a39；a40；a41）	30	A30：成龙与武术传播（a144；a145；……；a153）
13	A13：功夫的实用性（a42；a43；a44；a45；a46；a47；a48；a49）	31	A31：李小龙与武术传播（a154；a155；……；a167）
14	A14：功夫的真实性（a50；a51；a52；a53；a54）	32	A32：叶问助力武术向海外传播（a168；a169；a170；a171）
15	A15：练习武术的收获（a55；a56；a57；a58；a59；a60）	33	B10：武术的感知与想象（a172；a173；a174；a175；a176）
16	A16：武术风格（a61；a62；a63；a64；a65；a66；a67）	34	A34：基于功夫的比喻与联想（a177；a178；a179；a180；a181）
17	A17：武术哲理及思考（a68；a69；a70）	35	A35：对功夫大师的认知（a182；a183；a184；a185）
18	A18：武术的文化价值（a71；a72；a73）	36	A36：对普通习武者的认知（a186；a187；a188；a189；a190）

续表

序号	概念化	序号	概念化
37	A37：个人身体习练感知（a191；a192）	40	A40：对中国武术的负面认知（a197；a198）
38	A38：对传统武术的认识（a193；a194）	41	A41：武术具有发展空间（a199；a200）
39	A39：中立的评价（a195；a196）		

注：括号内为200个初步化概念编号。

表4　Quora平台问答样本范畴化一览表

序号	范畴化	序号	范畴化
1	B1：武术的概念辨析（A1；A2）	7	B7：影响武术发展的因素（A22；A23；A24；A25）
2	B2：武术的起源论争（A3）	8	B8：武术学习（A26；A27；A28）
3	B3：武术的构成及内涵（A4；A5；A6；A7；A8；A9；A10；A11；A12）	9	B9：武术影视及传播（A29；A30；A31；A32）
4	B4：武术的特点及功能（A13；A14；A15）	10	B10：武术的感知与想象（A33；A34；A35；A36；A37；A38；A39；A40）
5	B5：武术文化（A16；A17；A18）	11	B11：武术的未来发展（A41）
6	B6：武术的发展现状（A19；A20；A21）		

注：括号内为41个概念编号。

2.2　主轴译码分析

在对Quora平台上中国功夫问答有效样本进行开放性译码的阶段，一共形成了11项范畴（表4）。在主轴译码阶段则主要对范畴之间的关系进行梳理和讨论，依照译码典范“因果条件→现象→脉络→中介条件（具体化策略）→行动/互动策略→结果”，将开放性译码阶段分析得出的11项范畴联系起来。通过对以上范畴进行典范模型分析，一共得到Quora平台上中国功夫问答有效样本的3个主范畴：(1) 中国功夫的历史与发展；(2) 中国功夫的影视化传播；(3) 中国功夫的感知与想象。

2.2.1　中国功夫的历史与发展

中国功夫的历史源远流长，在Quora平台上，海外受众对中国功夫的概念定义、历史起源、结构特征等方面的关注较多（表5）。一方面，作为官方用语的

“Wushu”与作为民间交流用语的“Kung Fu”的内涵关系仍不明晰，此类讨论较多。例如，对以下话题的讨论：“Kung Fu与Martial Arts的比较”“Wushu和Kung Fu的区别”“Wushu与Chinese Martial Arts的历史渊源”等。内部概念或相似概念之间的区别与联系也是该平台用户的关注点，诸如“Wushu是Chinese Martial Arts的一类”“Wushu因不是真正的流派故不应与其他类型比较”“ Kung Fu（中文表达）和Martial Arts（英文表达）没有太大的区别”“Chinese Kung Fu，Gongfu 以及Chuanfa（拳法）是一回事”等。另一方面，该平台用户对“Kung Fu”的起源依旧存在一定的认知偏差，并未达成一致意见，形成较为明显的“两派”——Kung Fu的“中国起源论”以及“印度起源论”，前者多数支持Kung Fu最早起源于中国少林功夫，而后者则将印度僧人菩提达摩奉为少林功夫的始祖。在对中国功夫的内部结构和文化特征等内容的讨论中，该平台用户对中国功夫的认知并未达到官方宣传的“体系化”的接收效果，对传统武术与现代竞技武术的看法褒贬不一，如对现代竞技武术“操舞化”的质疑与对传统武术的“实战性”“实用性”的讨论。在武术组成方面，除了传统武术与现代竞技武术以外，诸如太极、剑道、擒拿、散打（散手）、少林功夫、咏春拳、中国式摔跤等单项具有较高的辨识度，曾被该平台用户多次通过问答的形式进行知识传递与生产，多样化且具有代表性的拳种、功法成为海外受众全面认识中国功夫的标志性符号。

表5　Quora平台主范畴之一——中国功夫的历史与发展

步骤	结果
因果条件	武术的概念辨析（B1）；武术的起源论争（B2）；影响武术发展的因素（B7）
现象	武术的特点及功能（B4）；武术文化（B5）
脉络	武术的概念辨析；武术的起源论争；影响武术发展的因素——武术的特点及功能；武术文化——中国功夫的历史与发展
中介条件	武术学习（B8）；武术影视及传播（B9）；政治因素（A22）；社会因素（A23）；文化因素（A24）；个人因素（A25）；武术在中国的发展现状（A20）；武术在国外的发展现状（A21）
行动 / 互动策略	武术学习（B8）；武术的发展现状（B6）
结果	中国功夫的历史与发展

注：括号内为11个范畴编号。

2.2.2 中国功夫的影视化传播

中国功夫较多通过功夫电影、武侠剧、武术舞台表演等形式在海外传播，其中功夫电影的传播效应尤为突出（表6），包括李小龙、成龙、李连杰等知名武术演员参演的功夫电影，深受海外受众的喜爱。功夫电影以中国功夫文化为基础，通过集聚视觉冲击的打斗，宣扬以伦理道德为精神内核的侠义精神。可以说，功夫电影对中国武术跨文化传播与发展具有较强的促进作用，既可以吸引海外受众关注与练习武术，又可以展现中国武术背后深厚的文化内涵。本文在对Quora平台上抽取的问答有效样本的分析中发现，海外受众与功夫影视及传播的节点数最多，一定程度上可以验证海外受众对功夫影视作品的关注度较高，影视对中国功夫的传播效应较好等特点。值得一提的是，对于功夫电影，海外受众并非一味追随，也有一些批判性的思考，虽然武术不仅仅局限于中国功夫电影，但是国外受众大多只知道中国功夫电影，这一现象可能受到早期在国外传播的中国电影基本为功夫片这一因素的影响。此外，武侠电影的评价、中美功夫电影及比较、功夫影音延伸产品（如功夫音乐等）、海外受众的观影体验等话题也是Quora平台用户较为关注的内容。中国功夫影视作品是一种新的武术运动的表现形式，它既是中国武术重要的传播内容，也是传播途径。在中国武术跨文化传播的过程中，上述对中国功夫单一的且神秘化的认知依旧存在，可见中国武术跨文化传播还需要在紧抓受众喜好的同时，及时解释武术的技术与艺术的真谛，及时为影视化后的中国功夫“去魅”。

表6　Quora平台主范畴之二 —— 中国功夫影视化传播

步骤	结果
因果条件	武侠小说和武侠剧是影响武术发展的因素（a143）；早期在国外传播的中国电影基本为功夫片（a136）
现象	武术文化（B5）；武术风格（A16）；武术哲理及思考（A17）；武术的感知与想象（B10）；海外受众只知道中国功夫电影（a139 ）
脉络	武侠小说和武侠剧是影响武术发展的因素；早期在国外传播的中国电影基本为功夫片——武术文化；武术风格；武术哲理及思考；武术的感知与想象——武术影视及传播
中介条件	成龙与武术传播（A30）；李小龙与武术传播（A31）；叶问助力武术向海外传播（A32）；中国功夫电影特点源自用户需求（a127）

续表

步骤	结果
行动 / 互动策略	海外受众只知道中国功夫电影（a139）；武术学习（B8）；中国功夫电影比好莱坞电影好（a134）
结果	武术影视及传播（B9）

2.2.3 中国功夫的感知与想象

通过影视化传播的中国功夫为海外受众带来的最为直观的印象便是“所有中国人都会武术”，而这些却与现实情况背道而驰（表7）。对于该话题的讨论层出不穷，Quora平台用户看法各异：就中国人对功夫掌握的普遍性而言，有人坚称“所有中国人都会武术”，而有人则认为“只有一小部分中国人会武术”；就中国人对功夫掌握的精度和深度而言，有人认为“所有中国人都会功夫，但大师很少”。提到中国功夫，海外受众不禁会联想起功夫电影中的“功夫大师”，海外受众既会对其产生崇高的敬意，也会质疑其武术功力的真实性。其中，也不乏如“功夫大师身体的任何部位都能把人打死”这类较为极端的想象。中国功夫是一项实践性的运动，其教学与传播强调“体悟”，即“身体的感悟”，武术的演练和领悟同时是一种生活实践。海外受众不仅能从影视化武术中感受中国功夫的魅力，还能从身体练习中感受中国功夫带给自己的变化。对于他们而言，功夫练习具有趣味性，在经过一段时间得当的练习后，海外受众会获得“令人惊讶的表现”，如赢得一场武术比赛以及他人的赞叹等。此外，他们还会对功夫练习中涉及的提升技能的方法进行讨论，也会互相交流难以学好功夫的原因和影响功夫练习的因素。除了对“功夫大师”的讨论外，海外受众还对“普通习武者”持有较高的认可度，尤其是其品性和道德水平。他们或具有“不轻易对抗（打斗）”的谦和，或兼备“不做刻板的功夫式格斗”的灵活，或深藏“只在不得不做的时候展示功夫”的隐忍……总之，Quora平台用户对于中国功夫的感知与想象较多基于主观的经验性判断。海外受众中具有练习经历的意见领袖较少，尤其是具有中国本土练习经历的习武者更为鲜见，这在一定程度上反映了在具有一定影响力和用户基数的Quora平台上，中国功夫的国际传播声量较为微弱。

表7　Quora平台主范畴之三——中国功夫的感知与想象

步骤	结果
因果条件	功夫影视作品（A29）；功夫的实用性（A13）；功夫的真实性（A14）
现象	习武者功力的生物力学解释（a54）；练习武术不代表无敌（a52）；武术手段都是有效的（a49）；有关中国人对武术驾驭情况的想象（A33）
脉络	功夫影视作品；功夫的实用性；功夫的真实性——习武者功力的生物力学解释；练习武术不代表无敌；武术手段都是有效的——武术的感知与想象
中介条件	影响功夫练习的因素（A28）；难以学好功夫的原因（A27）；提高武术技能的方法（A26）；个人身体习练感知（A37）
行动 / 互动策略	对普通习武者的认知（A36）；对功夫大师的认知（A35）；对传统武术的认识（A38）；对中国武术的负面认知（A40）
结果	武术的感知与想象（B10）

2.3　选择性译码分析

选择性译码阶段，在不断回顾原始资料的过程中，对Quora平台上中国功夫问答有效样本的主轴译码分析所得的副范畴与主范畴进行考察与挖掘，进一步分析海外受众对中国功夫的感知与想象。

2.4　讨论

通过对Quora平台上随机爬取的有效样本的编码与分析，本文得出了中国功夫的历史与发展、中国功夫的影视化传播以及中国功夫的感知与想象3个主范畴。从Quora平台上用户对中国功夫的讨论来看，其对中国功夫的认知方向较多元，从“武术的概念辨析”“武术的起源论争”“武术影视及传播”“武术学习”等多个角度进行了互动问答。这一方面体现了中国功夫对海外受众具有较强的吸引力，海外受众对中国功夫的各方面知识均有着较为浓厚的兴趣；另一方面，也可以看出中国功夫在海外受众的认知中并不是一个统一的形象，海外受众对其仍存在较多东方奇观化或污名化的负面认知。此类认知经过多次互动讨论与社交传播，一定程度上影响了中国功夫的形象。

在Quora平台上，海外受众关于中国功夫的问答关注议题的多样性意味着未来中国武术跨文化传播过程中还需进一步明晰“传播什么”的问题。有学者指出，当前我国武术跨文化传播过程中的主要问题在于对中国功夫技击性的强调不足，部分海外受众接触的武术表演从“武”向“舞”的方向发展，武术的实用性常成为被提及的议题；武术影视的传播内容形式较为单一，导致海外受众不仅难以形成对中国功夫的全面认知，甚至还塑造了诸如代表欺骗和虚假的“功夫大师”等负面形象。社会认知理论认为，行为、外在环境以及内在个人因素会在形成动因的因果结构中起到决定性作用。海外受众对中国功夫产生的感知与想象，也遵循社会认知理论的基本规律并受其影响。海外受众是否习练武术、身边人对武术的看法、受众本身对武术的看法、受众接触的媒介环境等因素都会影响中国功夫在其头脑中的形象。

回到本文有效样本中，海外受众对中国功夫的问答内容中对武术的概念、历史、构成、学习等知识体系类的问题讨论较多，这些问题在国内看似“基础”，但却因程式化、夸张化的影视宣传，缺少正宗的授课教师，缺少专业及时的问答回应等原因让海外受众对其充满好奇。中国功夫的历史发展及其文化特征是海外受众较为关注的议题，但同时也是存在较多疑惑甚至误区的知识“盲区”。武术是一门具有特色的、历史悠久的、综合性较强的中华传统民间运动。虽然民间武术体系众多，但并不应影响海外受众对武术起源于中国这一事实的认知，也不应割裂传统武术与现代竞技武术之间一脉相承的关系，更不能否定民间传统武术的价值。在中国武术的跨文化传播过程中，诸如“功夫的起源”“功夫的定义”成为一种“默会知识”，传播者默认海外受众对这些知识均已有所了解和认同且已经形成共识，殊不知这些基础知识却成为海外受众最为疑惑之处。缺少多样化、权威性、专业性知识解答的海外受众，在部分网友不当的社交语言引导下，很容易对中国功夫产生错误的认知甚至产生憎恶之感。

中国功夫的感知与想象是海外受众基于以功夫影视为主要形式的触媒体验，是其对中国功夫最为直观的看法和评价。本文研究中较多海外受众依旧对中国功夫的真实性、实用性存疑，他们会产生“象棋与功夫代表着赌博与暴力”等观点，也会对功夫老前辈、武术影星的实战能力产生不同程度的好奇与疑惑。虽然在Quora平台上有关中国功夫的“概念”“起源”等文化知识类内容的讨论并不少见，但是在国外“实用主义”和“价值本位”的社会观念下，海外受众不免会对影视化后的中国功夫的真实性、实用性、易习得性等方面予以更多关注，以至于各类议题讨论的核心，可以归纳成两句话——“中国功夫真实存在吗？”“中国功夫有没有用？”而这些正是当前中国武术跨文化传播中较为缺少的内容构成。

3 结论与建议

3.1 结论

海外受众了解中国功夫主要通过功夫电影、武侠片和互联网等途径，本文通过对Quora平台上有关中国功夫的问答文本进行分析，发现海外受众对中国功夫的历史与发展、中国功夫的影视化传播，以及中国功夫的感知与想象3个主范畴的关注较多、问答提及率较高。在总结出的11项范畴中，“武术影视及传播”的参考节点最多，此后依次为“武术的发展现状”“武术的感知与想象”“武术的构成及内涵”“武术的概念辨析”等；而与武术相关的文化、学习技巧、特点与功能、影响因素、起源争论等话题属于第二梯度的讨论议题；最后，有关中国功夫未来发展的话题鲜有提及。

整体而言，海外受众对中国功夫的认知情感状况以正面为主，但也有部分负面评价，主要集中于对“真假大师”以及对“中国武术发展受阻”的讨论这两个部分。Quora平台用户对中国功夫的感知，部分源自少量身体体验或习练经验的总结，而更多源自媒体的宣传报道以及功夫影视的传播，因此会产生对中国功夫的多样的感知与想象。海外受众关注如太极、少林功夫、咏春拳等具有较高影响力且受欢迎程度较高的代表性拳种及文化，对其自我保护功能、实战技能等实用性价值的追求较高。

3.2 建议

基于对Quora平台用户对中国功夫的互动问答内容和特征的分析，作为民间交流用语的“中国功夫”及其知识体系的建构与中国武术的跨文化传播还可以从以下几个方面加强：(1) 打破刻板印象、重申中国功夫的实用性和真实性。从存在到发展，从学习到传承……这些探讨都表明中国功夫的对外推广需要将武术本体说清道明，将言说基础打扎实，方能为不同媒介形态的中国武术跨文化传播产品打下基础。(2) 基于具有传播影响力的功夫影视形式，补充海外受众想要了解的内容。在“武术影视及传播”这一话题的讨论中，传媒形式较为单一，功夫电影几乎成为海外受众讨论中国功夫的唯一文化传播载体，鲜见如武术动漫、武术纪录片等其他影视形式。同时，对武术影视明星如李小龙、成龙、叶问等的讨论并未掀起热潮。相比“好莱坞电影”的讨论度而言，虽有部分受众对武术习练的实战能力、武术习悟哲理等内容有所关注，但讨论量并不高。还需要加强对武术相关话题的延伸和讨论。(3) 提高功夫影视明星和中国武术资深习练者的传播力。在Quora平台上，入驻并深耕于“Kung Fu”或“Wushu”领域的意见领袖数量较少、回答更新周期长，且大多用户习练了中国武术之外的其他技击，如空手道、泰拳等。因而对中国武术基础知识的回答质量相比“中国文化”话题而言较低，整体回答内容篇幅较小，并且内容多为主观经验感受，缺乏基于自身习练中国武术的具体体验，较难说服提问者。(4) 确定武术知识传播口径，加强武术文化产品的输出。在中国武术跨文化传播过程中较缺乏对中国武术知识体系的构建与有效传达，以至于在不同受众心中中国武术是“杂而无形”的，因此对中国武术知识体系的传播还需加强。这就要求未来我国在传播中国武术时，需增加对中国武术知识的专业讲解和及时回应。未来中国武术跨文化传播还需利用好海外社交媒体平台，全方位、多模态地塑造真实的中国功夫形象，构建海外受众可感易懂的中国功夫知识体系。

◎ **参考文献：**

[1] 董刚，金玉柱. 从“走出去”到“走进去”——中国武术国际传播的理念迭代与路径选择[J]. 天津体育学院学报，2019，34（4）：364-368.

[2] 韩青松，朱东，MARC T. Kung Fu还是Wushu?中国武术海外语言符号的话语困境与消解[J]. 西安体育学院学报，2022，39（1）：87–96.
[3] 崔英敏，黄聪. 跨文化传播：武术文化传播发展的新视角[J]. 北京体育大学学报，2013，36（7）：36–40.
[4] 孟涛，唐芒果. 文化符号与责任担当：中华武术国际传播的话语分析[J]. 上海体育学院学报，2014，38（3）：52–57.
[5] 李臣，赵连文. 互联网时代中国武术“走出去”的现实困境与路径选择[J]. 武汉体育学院学报，2017，51（11）：75–79.
[6] 解乒乒，丁保玉，吴文峰，等. 武术文化国际传播多元模式的构建[J]. 武汉体育学院学报，2016，50（10）：65–70.
[7] 王凌霄，沈卓，李艳. 社会化问答社区用户画像构建[J]. 情报理论与实践，2018，41（1）：129–134.
[8] PASKUDA M，LEWKOWICZ M. Anonymity interacting with participation on a Q&A site[J]. Ai & Society，2017，32（3）：369–381.
[9] 沈波，赖园园. 网络问答社区“Quora”与“知乎”的比较分析[J]. 管理学刊，2016，29（5）：43–50.
[10] 康戈武，邱丕相，戴国斌. 从文化好奇到文化战略[J]. 体育文化导刊，2004（6）：12–13.
[11] 陈阳. 大众传播学研究方法导论[M]. 2版. 北京：中国人民大学出版社，2015.
[12] RUSTIN M. Grounded theory methods in child psychotherapy research[J]. Journal of child psychotherapy，2016，42（2）：179–197.
[13] 闫宁. 论武侠电影对武术文化的现代化传播之影响[J]. 南京体育学院学报（社会科学版），2011，25（6）：68–71.
[14] 徐在贵，郭玉成. 近十年武术传播研究的回顾与评析——基于2009—2018年CNKI数据库的知识图谱解读[J]. 吉林体育学院学报，2020，36（2）：99–108.
[15] 刘军，李全海. 武术概念的多维认知及定义的局限[J]. 成都体育学院学报，2022，48（4）：56–62.
[16] 金玉柱. 中国武术跨文化传播的问题视域研究[J]. 中华武术（研究），2011，1（1）：46–47.

[17] 李源，王岗，朱瑞琪. 中国武术负面形象的形成原因及反思[J]. 北京体育大学学报，2013，36（9）：33–40.
[18] 季建成，邬燕红，王晓东. 武术在世界各种格斗风格艺术中的影响与地位研究[J]. 北京体育大学学报，2006（4）：568–569.
[19] 张艺. 知识与知识传播[J]. 现代哲学，2001（3）：41–44.

体感游戏：中国武术传播的机遇与挑战

刘沛元，李　晖
（上海体育大学，上海 200438）

◎ 作者简介

刘沛元：上海体育大学新闻与传播学院硕士研究生。研究方向：民族体育传播、国际传播。

李　晖：上海体育大学新闻与传播学院特聘教授，硕士生导师，上海外国语大学博士，美国纽约圣约翰大学高级访问学者，中国体育科学学会体育信息分会委员，上海市外文学会理事，《体育科研》英文编辑，主持省部级以上课题 4 项，参与国家社科重点基金项目 2 项，在 CSSCI/SCI（中文社会科学引文索引/科学引文索引）期刊发表论文 6 篇。研究方向：体育英语翻译与教学、国际体育传播。

摘　要：中国武术作为传统体育运动之一，具有健康促进的作用与价值。因此，促进中国武术的国内外传播对体育健康传播具有现实意义。本文采用文献资料法和访谈法，基于扎根理论使用NVivo12对17份访谈文本进行编码分析。研究认为：居家健身热潮可以扩大武术体感游戏的受众群体，寓教于乐可以改变传统的武术教学方式，身体“在场”可以实现武术实践的必然性。同时，沉浸式场景体验与游戏情景设计的平衡性，刻板印象——武术即“打”在游戏场景中的现实映射，以及体感游戏中简易化武术动作的编排是武术体感游戏所面临的挑战。研究建议：体感游戏情景设计应以讲好武术故事为主线，还原具备武术元素的真实场面；设置语音对话模式，介绍武术文化；借助三维建模专家的帮助，采集简易化武术动作数据。

关键词：武术；体感游戏；传播

健康是人民幸福生活的基础。在推进“健康中国”建设的背景下，体育健康传播尤为重要。武术作为民族传统体育的重要分支，历史悠久，具有技击养生、强身健体、磨炼意志等作用，是深受大众喜爱的一种强身健体的方式。随着科技的不断发展，体感游戏作为身体“在场”的沉浸式体验的媒介创新不仅能够让用户融入其中，同时也可以使用户基于体感技术完成身体动作，以达到强体健身与娱乐放松的目的，并且能够在潜移默化间传播特定的文化。因此，以体感游戏为媒介载体，融入中国武术，进而推动武术健康理念与实践的传播具有一定的现实意义。

1 武术与体感游戏

体感游戏是一种通过肢体动作来进行操作，具备立体显示和肢体感知的全身互动的电子游戏。体感游戏可以改善情绪和心理状态，还可以帮助用户锻炼身体，促进用户机体活动。体感游戏除了具有娱乐属性和运动属性之外，还具有互动性。

郭玉成等指出，武术在国内最多属于浅层次传播，许多人对武术的认识仅限于技击格斗，对武术文化更是无从知晓；武术在国外也是概念混乱，许多人不了解武术全貌，以为竞技武术、太极拳、散打、鹰爪拳等就是武术。冉学东等提出武术借助影视作品进行无意识的世界传播，造成人们认知上的“误读”。王岗等在研究中基于口头传播、印刷媒介传播以及大众传播的媒介演变过程，分析了不同传播阶段对武术传播的影响，发现大众传媒时代，因为经济利益导致媒体对武术关注度下降。而李信厚、王晓东分别从“文化折扣”视域和“逆全球化”视域出发，提出武术国际传播面临一定阻碍，原有传播路径须进行变革。基于武术传播的现状，刘瑞强等主要从点、线、面、域四个方向提出中国武术传播的策略。同时，李成等提出应借助新技术促进武术的传播，如数字化技术、新媒体技术等。由此可以看出，关于武术和先进技术结合的研究是目前武术研究领域重要的研究方向之一。

学界已有体感游戏对促进武术教学与传播的少许研究。张旋从体感游戏对武术传播的影响的角度，论述了体感游戏与武术的结合对武术发展及武术练习者的影响。王飞主要探究体感游戏对于武术教学的影响，发现体感游戏能使武术教学娱乐化、能激发学生的积极性、能活跃课堂气氛及展现武术的技击性。张旋和王飞两位学者主要谈论了体感游戏对于武术教学和传播的意义与影响，但是他们的局限在于，二者都没有细致深入地讨论武术与体感游戏结合可能面对的机遇和挑战。

综上所述，武术文化普及乏力、媒体关注度低，逆全球化、文化折扣、影视误导等因素阻碍了武术的国内外传播。虽然诸多学者提到了武术传播需要新技术的加持，但是从武术与体感游戏结合的视角，探讨中国武术传播的机遇和挑战以及相应的对策还远未引起学界的重视。

2 研究方法与框架

本文采用文献资料法和结构式访谈法，并基于扎根理论进行分析。以17名访谈对象为案例，通过微信电话、线下面对面以及访谈问卷的方式，对17名有过体感游戏实践的武术爱好者、武术专业的学生、武术教练员以及大学教师进行访谈，并以A为开头给访谈对象编号。

扎根理论是一个自下而上将资料逐步浓缩形成概念的过程。从方法论来看，扎根理论作为一种解释性方法，秉承的是建构主义的本体论和相对主义的认识论。因此，它更适合于理解大众对体感游戏、武术以及武术体感游戏的认识与态度，总结武术通过体感游戏传播的机遇与挑战。

NVivo12是一款用于质性研究的软件。编码分析共分为开放式编码、主动式编码和选择式编码，在此基础上本文对17份访谈文本进行词频查询导出词云图，其中“武术、游戏、健身、传播、运动、实践、体验、身体、参与”等词语较为显著（图1）。

图1　17份访谈文本编码分析词云图

2.1　开放式编码

开放式编码根据最原始的17份访谈文本对资料进行吸收和提炼处理，找出句子中重要、突出和关键的词汇以及语句，并找到一个合适的概念进行概括。在操作过程中，研究者要以一种开放的心态，尽量悬置个人的“偏见”和研究界的“定见”，将所有的资料按其本身所呈现的状态进行录入。本文在NVivo12中产生了71个概念，产生的参考点数为309个，其中“武术可以强身健体”“尝试武术”“武术就是打”“过度沉浸”这几个开放式编码节点较为显著。可见访谈对象都清楚地意识到武术具有健康促进的作用与价值。另外，访谈对象也存在武术就是打的肤浅理解、体感游戏会有过度沉浸的危害等刻板印象（表1）。

表1　开放式编码的部分节点

节点名称	材料来源	参考点	节点名称	材料来源	参考点	节点名称	材料来源	参考点
健身环大冒险	7	7	线下武术实践时间限制	6	6	花架子	6	9
尝试武术	17	24	缺少合理途径	3	3	脱离实际	4	6
武术拳种分类	4	4	武术体感游戏的趣味性、新奇性	7	7	丰富传播武术的途径	2	2
体感游戏环境问题	2	3	武术体感游戏的创新	3	3	脱离实际、失落感	8	11
体感游戏的故事性	5	7	体感运动促进运动和健康水平	7	10	武术就是打	9	13
体感游戏的亲身参与运动	5	5	武术可以强身健体	13	23	武术推广不足	3	4
体感游戏吸引受众参与	2	2	使用时长比较	17	19	武术动作不标准	2	2
影视作品宣传武术	9	10	将武术过度神话	4	4	武术群体少	5	9

注：开放式编码所得概念数量过多，只选取重要部分；材料来源为17份访谈文本；参考点为访谈文本中与该节点相关的词或句子。

2.2　主动式编码

主动式编码是指在开放式编码的基础上对开放式编码所获得的概念进行一个定向的范畴整合，将混乱的概念归于意义不同的类属之中的过程。其主要任务是发现和建立概念类属之间的各种联系，以表现资料中各个部分之间的有机关联。本文将71个概念进行主轴式编码后形成了12个类属，讨论较多的是武术传播的阻碍与限制和武术与体感游戏的共通点，可见访谈对象对体感游戏与武术的共通点即两者的运动健康价值是认可的。武术自身存在的传播问题与误解仍是讨论的热点，对武术与体感游戏结合的效果预想分析较少（表2）。

表2 主动式编码的12个类属

节点名称	文件	参考点
武术概念及内容	9	25
武术与体感游戏结合的效果	3	4
体感游戏缺点	14	21
体感游戏传播武术的潜在问题	11	25
过度沉浸式体验，丢失自我	10	17
对武术的误解与刻板印象	13	35
居家健身热潮兴起	17	19
武术与体感游戏的共通点	14	38
武术传播的阻碍与限制	14	42
体感游戏的优点	11	17
实现武术实践的必然性	17	24
武术体感游戏的内容与风格	8	12

2.3 选择式编码

选择式编码是指在所有已发现的概念类属中，经过系统的分析以后，选择一个核心类属进行分析，将分析不断地集中到那些与核心类属有关的号码上面的过程。核心类属必须在与其他类属的比较中一再被证明具有统领性，能够将大多数的研究结果控制在一个比较宽泛的理论范围之内。本文经过归纳分析，形成了“武术内涵”“武术体感游戏的预测性效果”“受众态度层面”及“受众认知层面”4个核心类属。其中“受众态度层面”包括“过度沉浸式体验，丢失自我”“居家健身热潮”“实现武术实践的必然性”。“受众认知层面”包括“体感游戏传播武术的潜在问题”“对武术的误解与刻板印象”“武术与体感游戏的共通点”“武术传播的阻碍与限制”。由表3可知，访谈对象对体感游戏促进武术传播有着自己的认知与态度，其中包括正面态度与负面态度，本文进而通过访谈对象的态度与认知提炼出体感游戏在促进武术传播过程中面临的机遇与挑战。

表3 选择式编码的4个核心类属

节点名称	文件	参考点
武术内涵	17	25
武术体感游戏的预测性效果	17	54
受众态度层面	17	60
受众认知层面	17	140

2.4 理论饱和度检验

为了检验基于 17 份访谈数据提出的研究的理论饱和度，本文补充访谈了3个对象，结果显示这3份样本数据独立编码的结果并未出现新的范畴和关系结构，表明本文研究已达到理论饱和。

3 体感游戏：武术传播的机遇

3.1 居家健身热潮扩大体感游戏受众群体

洞见数据研究院对居家健身的定义是围绕家庭居住的空间场景，以体感游戏、空手、器械等，配合软件、线上课程应用实现足不出户也能够强身健体的运动方式。目前，居家健身逐渐成为人们的主要运动方式之一。根据成都艾普思商务信息咨询有限公司提供的中国和美国线上健身人数渗透率的对比来看，中国和美国的线上健身人数都处于一个稳定上升的状态（图2）。同时，结合本文的编码分析来看，访谈对象对于居家运动的态度指向性较高。在“后疫情时代”，17位访谈对象中有12位访谈对象的体感健身游戏体验时间相较于新型冠状病毒感染疫情（后文简称“新冠疫情”）前有所延长，且部分访谈对象表示：居家运动较为方便，可以足不出户就完成运动（表4）。在居家健身热与体感游戏热的背景下，开发武术健身类体感游戏，以线上运动娱乐方式扩大武术受众群体，无疑为武术在国内外的传播提供了一种新动力、新机遇。

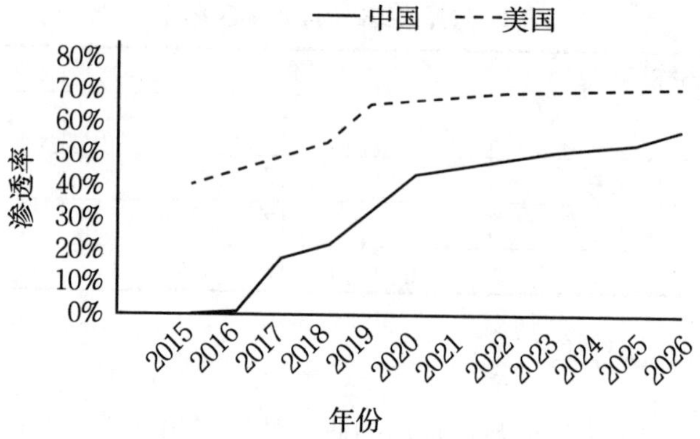

图2　中美线上健身人数渗透率对比图

表4　疫情后体感游戏使用时长编码示例

父节点	二级子节点	一级子节点	材料来源	原始语句例证
受众态度层面	居家健身热潮兴起	较新冠疫情前体感游戏使用时长增加	A1～A5；A7；A9；A10～A14	A4可能一周会拿出比较多的时间来玩体感游戏，而且可以不出门就完成运动；A5一天玩一次体感游戏，有时可能会每天晚上玩2～3次，且每次的时长为20～30分钟
		较新冠疫情前体感游戏使用时长不变或减少	A6；A8；A15～A17	A15在家会玩体感游戏，但相比之下玩游戏的时长没有增加，因为待在家中的时间没有增加，只是晚上下班回家玩一会儿

3.2　寓教于乐改变武术传统教学方式

当前，武术教学主要以师父传徒弟、体育教育等形式进行，传播途径相对狭窄。现行教学大纲的武术教学内容陈旧、单调，难以吸引学生的兴趣，而且学生常会对学习武术感到枯燥乏味，导致学习兴趣下降。在德国哲学家汉斯-格奥尔格·伽达默尔看来，游戏的真正本质在于使游戏的人脱离那种他在追求目的的过程中所感到的紧张状态。随着娱乐化时代的到来，学生更愿意接受带有趣味性的事物，从而缓解学业上的压力。而枯燥乏味的传统教学方式并不能够满足学生的学习欲望，通过体感游戏的娱乐功能转变传统的武术教学方式，一方面可以满足学生放松身心的需求，另一方面也能间接促进武术的传播。在NVivo12中对17个访谈文本进行词频运行查询，有8位访谈对象提到了体感游戏的趣味性，“趣味性”这三个字的加权百分比占0.17%（表5）。这说明国内受众对于武术体感游戏的趣味性态度指向还是较高的。所以，体感游戏能够从趣味性这一出发点触发用户的兴趣，使他们能在游戏过程中学习武术动作，并接受武术文化的熏陶。

表5　17个访谈文本词频加权百分比

单词	长度	计数	加权百分比/%
强身健体	4	11	0.24
太极拳	3	10	0.22
趣味性	3	8	0.17
Pico	4	4	0.09
Switch	6	4	0.09
花架子	3	4	0.09
年轻人	3	3	0.06
跆拳道	3	3	0.06
博大精深	4	3	0.06
影视剧	3	3	0.06
新陈代谢	4	2	0.04
羽毛球	3	2	0.04
电视剧	3	2	0.04
身临其境	4	2	0.04
失落感	3	2	0.04
武打片	3	2	0.04
武侠片	3	2	0.04

3.3 身体“在场”实现武术实践的必然性

“具身性”这一概念始于法国哲学家、思想家莫里斯·梅洛–庞蒂的知觉现象学讨论。在传播学的研究中，去身体化（即离身性）占据主要地位，且早早就出现在大众传播中。刘海龙对具身进行了简单化概述，即强调身、心与环境三位一体的状态，而非身心一元化更非身心的二元对立。在沉浸式体验环境下，身体作为主体，心智作为主体的客体，由身体的活动建构。体感游戏让健身活动从强调对身体的支配再次回到了具身的感知上，也就是强调身体的主体性和突出性。在体感游戏中，身体作为“在场”的交互性媒介，通过镜像系统和可佩戴体感设备，实现了对画面动作的跟随以及感官感应。因此，基于具身实践，将武术融入体感游戏中，用户可以实现线上体验武术运动。且当用户沉浸于体感游戏所塑造的环境中时，可以实现身、心与环境三位一体的状态，真正做到沉浸式学习，强调了身体在场的具身感知。从人类健身活动的媒介历史角度来看，体感游戏体现了一种对身体知觉的自然性的回归。在NVivo12的开放式编码分析中，“尝试武术”这一节点共有17个材料来源，24个参考点。其中14位访谈对象提到他们愿意通过体感游戏的方式迈出武术实践的第一步，这一节点最终归纳到“受众态度层面”这一父节点中。大多数访谈对象表明了自己想要通过体感游戏尝试武术的正向意愿（表6）。且在访谈对象看来，体感游戏的故事性是极具特色的，而正是因为故事性的存在，才能够让用户有沉浸式的体验，从而加强视听效果，使用户真正融入这一虚拟环境中。身体在场的感受和体验与文字、书籍、影像制造的想象空间不同，并且难以被替代。因此，体感游戏让身体在其引导下，实现了自然性的回归。且在身、心与环境三位一体的状态下，也能够让用户身心沉浸在武术实践中，感受武术文化的魅力。

表6 实现武术实践必然性编码示例

父节点	二级子节点	一级子节点	材料来源	原始语句例证
受众态度层面	实现武术实践的必然性	愿意尝试武术	A2～A6；A8；A9；A11～A17	A8愿意通过体感游戏来学习武术的相关动作；A13认为体感游戏是一个非常新颖的方式，可以摆脱枯燥的练习，愿意去尝试
		不愿尝试武术	A1；A7；A10	A7认为武术较难，也不太喜欢玩体感游戏，所以不太想去尝试

4 体感游戏：武术传播的挑战

4.1 沉浸式场景体验与游戏情景设计的平衡性

美国媒介理论家保罗·莱文森曾说过："任何技术都是刀子的翻版。"我们在利用新技术的过程中不仅要注意使用的方式与度，而且要防范技术使人异化的风险，不能让技术来主导一切。体感游戏是一种沉浸式互动体验方式，虽说体验感较强，但是它所塑造的武术场景易导致人们加剧对非现实环境的沉迷风险。无论是二次元还是三次元的游戏，都是通过画面、剧情、音乐等设计让用户沉浸其中，使用户进入一个新的虚拟游戏世界中，感受游戏带来的愉悦与刺激感。意念是人感知世界的重要方式，若武术体感游戏所呈现的情景设计过于虚幻和神话，一旦用户过度沉浸于其所塑造的虚拟环境中，便会依据游戏所赋予的定义来理解武术，将游戏世界与现实世界混为一谈。因此，在一定程度上，保证游戏场景塑造的真实性与客观性尤为重要，而要做到这一点并非易事，因为游戏本身所具有的娱乐化和虚拟化属性，就会让整个场景的塑造具有一定的非真实性。且当用户脱离游戏环境，回到现实世界后还会产生较强的失落感。在编码分析中，过度沉浸式体验作为主动式编码中的一个节点，共有10个材料来源，17个参考点。其中有10名访谈对象提到了"会过度沉迷于游戏场景"这一关键话语（表7）。总体而言，此节点的关系属性表明访谈对象对于武术体感游戏可能带来的过度沉浸问题的负面态度指向性较高。因此，武术体感游戏的情景设计与场景塑造的平衡性尤其重要。

表7　过度沉浸式体验编码示例

父节点	二级子节点	一级子节点	材料来源	原始语句例证
受众态度层面	体感游戏的沉浸式体验	会过度沉浸于游戏场景，丢失自我	A1；A2；A4；A6；A7；A9；A10；A11；A13；A15	A11容易摸不清现实或者对现实感到不满意，导致对体感游戏越来越上瘾
		不会过度沉浸于游戏场景	A3；A5；A8；A12；A14；A16；A17	A13认为体感游戏是一个可以娱乐的事情，不会过度沉浸

4.2　刻板印象：武术即“打”在游戏场景中的现实映射

美国学者沃尔特·李普曼在1992年提出了“刻板印象”的概念。目前，大众对武术的刻板印象正是中国武术传播过程中需面对的阻碍与挑战。路云亭在研究中提到之前的许多武侠影视剧主要表现的是习武者除暴安良的情节，而不展示习武者在学徒阶段的习武过程。其实从部分被过度神话的武打片到“武术大师”约架比武惨败，都在传递着中国武术错误的理念与信息。武侠电影和小说都属于文学作品，难免有脱离现实生活的虚幻成分，如影片《功夫》中的“如来神掌”、《黄飞鸿》系列中黄飞鸿使用的“佛山无影脚”等。在17份访谈文本中，关于武术污名化及误解的选择式编码分析，共有12个材料来源，30个参考点，且其中最具有代表性的两句话是“认为武术是用来打架的，具有暴力元素”“武术是个花架子”。因此，以上两点反映了武术的误导性传播所引发的错误性认知。其中有3位访谈对象表示武术并不是打架，在电影中它有时是正义的，有时是非正义的；而另外9位访谈对象认为武术是打架，因为他们表示看过的武打电影都是通过打架的方式来拍摄和宣传武术的。总体来看，访谈对象受武术即“打”这一错误概念的影响较深。

明磊等的研究中提到要从文化自信、精神价值、健康促进三个主体方面来发挥武术文化的价值和责任担当，其认为中国武术不是一种“打”和“战胜”的文化，而应该是一种“实用”的文化。同时，武术的技击动作本身就赋予了武术能打的形象，而随着人类文明程度的提高，武术“不打”成为武术技击形象的艺术审美意蕴。因此，在专家学者看来，武术追求更多的是“不打”，并且是将其自身的文化精神价值以及健康促进的主体功能价值传递给更多人。但在大众印象中，武术即“打”成为中国武术不可去除的标签，且人们不断将暴力、打架等元素进行扩大式宣传与想象。而在体感游戏中，难免会有武术切磋的场景出现。若用户在游戏模式下带着自己的主观色彩来解读其中的内容，将会继续固化大众在现实中对武术即“打”这一错误概念的认知，这不利于传播真正的武术文化内涵。

4.3 体感游戏中简易化武术动作的编排

传统武术有着不同的拳种和套路，动作从易到难，若让没有基础的用户在短时间内学习，势必会使用户丧失学习兴趣，并且高难度的动作可能会导致用户受伤。例如，传统太极拳由于难度较大，习练人数相对较少。因此，从访谈对象认知层面出发，武术本身固有的难度就会成为他们接触武术的阻碍。在本文的编码分析中，除了两位武术教练员，剩余的15位访谈对象均只是了解武术及相关知识，并没有进行过实践。究其原因，一方面是由于时间限制，习武者需要打好基础且进行持久的练习；另一方面则是缺乏动力和引导，武术学习资源较少。因此，如果在体感游戏的设计过程中，不将武术套路动作编排简易化，那武术体感游戏的适用群体将会大大减少。除了这一问题之外，如果高难度的动作过多，那么也意味着需要更为复杂的三维建模来呈现动作，而要完成对用户动作的精准采集与捕捉，对于游戏设计者来说则是难上加难。就目前的体感游戏种类来看，还没有一款游戏嵌入了特别复杂的武术动作。就拿目前的《健身环大冒险》来看，主要是以手部的感知为主，且游戏内容以基本的跑、跳、蹲等动作为主，简单易学。因此，武术体感游戏在武术动作的编排与应用方面还需要进一步细化与思考。

5 结论与建议

体感游戏作为载体为中国武术的传播提供了一定的机遇，同时也带来了一定的挑战。依托体感游戏推动武术传播，首先，在游戏情景设计中要以讲好中国武术故事为主线，主要将武术中的刀、棍等器械融入，还原具备武术元素的真实场面，塑造真实场景；且在游戏画面、程序设计中，应避免出现过度神话的场景，如“飞檐走壁”“飞天遁地”“掌心雷”“放飞剑”等的浮夸式动作设计。其次，在面对武术即“打”这一刻板印象的问题时，应在游戏环节中配合画面加入简要的多语种语音介绍，将武术的历史、文化内涵、拳种、健康价值与理念等融入，并设置语音对话模式，形成有效的互动，于无形中让国内外用户了解和接受武术文化。最后，在武术动作简易化问题上，需要三维建模专家和专业武术教练员合作采集武术动作数据，简化模拟动作并应用到体感游戏中，从而在体感游戏中为用户带来武术实践的真实感受。当前，“互联网+健身”“科技+健康”等新技术正日渐融入体育健康促进中，因此未来的研究要将更多视角放置在如何通过科技力量与媒介力量的加持促进传统体育运动的传播，使科技成为提升全世界人民健康水平的福祉。

◎ **参考文献：**

[1] 李有强，张业安. 中国体育健康传播的概念内涵、发展状况与未来展望[J]. 武汉体育学院学报，2022，56（8）：28-35.

[2] LIU Y Q，SONG Y，TAMURA R. Hedonic and utilitarian motivations of home motion-sensing game play behavior in China：an empirical study[J]. International journal of environmental research and public health，2020，17（23）：87-94.

[3] 马建荣，章苏静，李凤. 基于体感技术的亲子互动游戏设计与实现[J]. 中国电化教育，2012（9）：85-88.

[4] 郭玉成，张戈，邱丕相. 武术传播基本理论概述[J]. 上海体育学院学报，2004（6）：61-65.

[5] 郭玉成. 跆拳道、空手道、柔道传播对武术传播的启示[J]. 上海体育学院学报，2004（2）：44-48.

[6] 冉学东，王岗. 对中国武术文化“走出去”战略的重新思考[J]. 体育科学，2012，32（1）：71-76.

[7] 王岗，张大志. 媒介的嬗变对武术发展的影响[J]. 上海体育学院学报，2007

（2）：34–39.

[8] 李信厚. 中华武术跨文化传播中“文化折扣”现象省思[J]. 体育学刊，2022，29（2）：26–31.

[9] 王晓东. 逆全球化背景下中国武术文化国际传播的挑战、机遇与应对[J]. 体育学刊，2022，29（4）：20–24.

[10] 刘瑞强，赵健，李卓嘉，等. 中国武术文化推广传播策略研究[J]. 中国体育科技，2022，58（8）：109–113.

[11] 李成，王岗，金玉柱. 新媒体时代中国武术传播的形态嬗变、舆论问题与路径阐释[J]. 武汉体育学院学报，2022，56（4）：65–71.

[12] 张旋. 体感游戏对武术传播的影响[J]. 武术研究，2016，1（1）：19–21.

[13] 陈向明. 扎根理论的思路和方法[J]. 教育研究与实验，1999（4）：58–63.

[14] 王飞. 初探体感游戏对辅助学校武术教学作用的研究[J]. 南京体育学院学报（自然科学版），2013，12（4）：111–114.

[15] 刘海龙. 什么是传播视角下的身体问题[J]. 新闻与写作，2020（11）：1.

[16] 钱娇. Switch体感健身游戏中的身体与情感研究[J]. 青年记者，2022（16）：108–110.

[17] 王鑫. 流动性、具身化与符号性：中华文化对外传播研究议程与路径拓展[J]. 新闻记者，2022（9）：45–54.

[18] 庄子楦. 算法推送机制下“权利回归”探析[J]. 新媒体研究，2020，6（20）：25–27.

[19] 陈嫭如，谢欣. 学者“框架”反思：整合传播过程与效果的理论[J]. 厦门大学学报（哲学社会科学版），2019（5）：157–164.

[20] 路云亭. 马保国现象：一个传统武术江湖人士的人设特征解读[J]. 体育学研究，2020，34（5）：87–94.

[21] 冯刚，张锋. 媒体传播对武术运动的影响与发展对策——以武术影视为例[J]. 西北民族大学学报（自然科学版），2018，39（4）：53–57.

[22] 明磊，王岗. 中国武术的文化使命与责任担当[J]. 北京体育大学学报，2017，40（9）：123–129.

[23] 李源，梁勤超，姜南. “打”与“不打”：武术形象的二元认知[J]. 北京体育大学学报，2018，41（7）：126–132.

[24] 李守培，郭玉成. 中国武侠电影的武术传播分析[J]. 体育文化导刊，2016（3）：79-84.

作者贡献声明

刘沛元：确定研究选题、设计研究思路、参与实验、收集数据资料、撰写论文。

李　晖：修订论文、参与完成论文其他相关工作。

中国体育赛事版权判决争议焦点及其解决路径*

——基于近20年经典案例的分析

李金宝，李馨雅

（南京体育学院，江苏 南京 210000）

◎ 作者简介

李金宝：南京体育学院体育传媒产业学院常务副院长，博士，教授，江苏省教育厅“青蓝工程”奥林匹克文化传播与教育教学团队带头人，主持完成了 1 项国家社科基金项目，参与了 1 项国家重大社科基金项目和 1 项国家重点社科基金项目，在 CSSCI（中文社会科学引文索引）期刊发表论文 42 篇。研究方向：体育传播理论、体育传播法学。

李馨雅：南京体育学院体育教育与人文学院体育传媒系本科生。研究方向：体育新闻传播、体育产业管理。

摘　要：随着体育赛事和体育产业的发展，近年来有关体育赛事及其节目版权的争议案例日趋增多。本文分析了近20年来我国体育赛事及其节目判决的典型案例，总结体育赛事及其节目版权的审判特点，分析判决的争议焦点，助力体育文化产业发展。重大体育赛事版权是侵权的重灾区，拥有独家垄断资源的平台成为主要被侵权对象、新技术引发的侵权案件显著增多是体育赛事版权侵权案例呈现的主要特点。侵权作品是否属于类电影作品、侵权行为是否属于合理使用、新技术引发的侵权性质如何认定、

* 基金项目：该文为首批江苏高校新文科研究与改革实践省级重点培育项目“体育院校新文科高质量发展模式研究”、江苏省教育厅“青蓝工程”奥林匹克文化传播与教育教学团队资助项目。

侵权行为采用何种法律调整等是体育赛事版权侵权案例的主要争议焦点。通过对体育赛事版权侵权作品的独创性进行判定、合理选择法律规制手段、确认授权主体与范围是解决体育赛事版权争议的主要途径。

关键词：体育赛事；节目版权；独创性；合理使用；类电影作品

体育赛事版权在我国司法实践中的性质认定问题争议不断，已成为体育赛事知识产权研究的热点。近十年来，体育赛事及其节目传播载体多元化，体育文化产业的经济效益日益彰显，围绕体育赛事版权的争议常呈现同案不同判、关注焦点迥异的特点。节目内容侵权与否成为同类案件判决的争议焦点，大多数侵权案例中，既有体育赛事转播节目独创性的判定问题，也有体育赛事侵权案件适用的法律是《中华人民共和国著作权法》（以下简称《著作权法》）还是《中华人民共和国反不正当竞争法》（以下简称《反不正当竞争法》）等问题，还有新媒体转播授权、"陪伴式"直播是否侵权等的个性问题。如何从已妥善处理的体育赛事侵权案件中找到可供借鉴的内容，对保护体育赛事版权所有者的正当权益、平衡产业链上下游多方的利益、促进我国体育文化产业可持续发展至关重要。本文通过对近20年中国体育赛事及其节目版权的争议案例进行分析和归纳，为体育赛事及其节目版权规范发展提供理论解决途径。

1 问题的提出：近年来中国体育赛事版权纷争的重点案例

司法案例分析是法学实证研究的重要研究方法。选择具有典型性与代表性的体育赛事版权侵权案例，分析其侵权原因、判决理由与依据，不仅是司法审判活动指导的重要手段，也是司法实践的重要工作方法。从近年来体育赛事判决的司法实践来看，体育赛事版权经常出现"同案不同判"的情况，总结我国本土典型的司法案例，还原案例判决场景与结果，理解和描绘我国体育版权文化、制度和行为，对构建我国体育赛事版权理论和司法实践大有裨益。

1.1 主要案例选择的依据

案例指导是以客观存在的法律判决为事实依据，通过梳理各类现实矛盾的存在与发展从而剖析和解决社会问题的有效手段。可以说，案例指导在当前已不再是一个理论层面上是否能够进行的认识问题，而是必须进行以及如何进行得更好的实践性问题。本文从案例指导理念出发，总结体育赛事侵权案例的特点，并寻找以往判决案例中可以借鉴的内容，为体育赛事版权侵权做一些基础性理论研究。

本文以“体育赛事”“体育版权”“体育节目”“体育转播”等为关键词，在北大法宝法律数据库中搜索司法判决案例，共收集到近20年与体育赛事版权侵权有关的案例32件，经剔除相近案例后，选择12件具有代表性的案例，并从案例内容和争议焦点两个角度对案例进行归纳与总结（表1）。需要说明的是，本文案例选择虽未进行案例抽样，但所选案例皆来源于北大法宝法律数据库，具有真实性和可信性。另外，所选案例大多经过一审、二审等流程，这表明案例在判决时就存在不同的理解，具有一定的争议性。本文并不只是简单地呈现判决结果，而是通过分析已有判决结果的典型案例，探讨解决体育赛事版权侵权争议的路径，因此本文案例的选择既符合研究设想，也能实现研究目的。

1.2　案例涉及的主要内容与争议焦点

近20年我国体育赛事版权侵权重点案例详情如表1所示。

表1　近20年我国体育赛事版权侵权重点案例一览表

案例名称	案例内容	争议焦点
北京新浪互联信息服务有限公司（以下简称“新浪”）与北京天盈九州网络技术有限公司（以下简称“天盈九州”）、乐视网信息技术（北京）股份有限公司（以下简称“乐视”）著作权及不正当竞争纠纷案。	天盈九州未经新浪授权许可，在其网站设置中超频道，非法转播2012—2014年两个赛季的中超联赛直播视频。一审认为乐视、天盈九州通过合作转播的形式侵害了新浪的著作权；二审认为涉案体育赛事及其节目不构成类电影作品，撤销一审判决并驳回新浪维权诉讼请求；三审认为涉案中超赛事节目构成类电影作品，审定乐视、天盈九州侵权行为成立。	本案被视为国内体育赛事及其节目网络直播著作权纠纷第一案。争议焦点：涉案体育赛事及其节目是否属于类电影作品，即受到《著作权法》保护的作品？

续表

案例名称	案例内容	争议焦点
央视国际网络有限公司（以下简称“央视国际”）与新传在线（北京）信息技术有限公司（以下简称“新传在线”）等其他知识产权与竞争纠纷案。	新传在线、盛力世家（上海）体育文化发展有限公司设置“奥运主播招募”专栏，支持用户打赏相关主播的直播活动，吸引用户下载“直播TV浏览器”，在引导用户进入直播间后，以“嵌套”的方式呈现转播奥运会节目的内容，并以1/4屏展示主播解说互动区，通过分屏主播、实时解说，插入弹幕，向用户提供主播伴随式奥运赛事“直播”。央视国际认为这种行为构成不正当竞争，起诉要求赔偿其经济损失及合理开支共计500万元。	本案是2021年度知识产权司法保护十大案例。争议焦点：网络平台主播的“伴随式”奥运赛事节目直播是否构成不正当竞争？
央视国际诉华夏城视网络电视股份有限公司（以下简称“华夏城视”）不正当竞争纠纷案。	华夏城视经营的城市联合网络电视台向用户提供了央视持权制作的世界杯相关节目。央视国际要求华夏城视停止侵权及不正当竞争行为，赔偿央视国际的经济损失及调查起诉费用共计400万元。判决认定体育赛事直播节目属于一般录像品，未达著作权标准范畴，其他电视台未经授权予以播放，不构成侵权，但构成不正当竞争，判处该电视台向央视国际赔偿12万元。	本案是全国第一例对于电视台直播的体育赛事节目定性的生效判决，对于同类案件具备指导意义。争议焦点：体育赛事及其节目能否适用《著作权法》？体育赛事及其节目的权利人有无权依照《著作权法》的规定，要求盗播行为人承担侵权责任？
体奥动力（北京）体育传播有限公司（以下简称“体奥动力”）诉上海全土豆网络科技有限公司（以下简称“全土豆”）网络侵权纠纷案。	2011年1月23日，全土豆未经原告体奥动力授权，擅自在其设立的网站对2010年度亚洲足球冠军联赛进行了网络播放，并以此牟利，侵犯了体奥动力所享有的独家网络传播权。	体育赛事所享有的权利与体育赛事节目所享有的权利是否属于不同性质的权利？涉案视频标识主体多重，谁拥有该赛事的权利？未录制或上传视频，仅提供信息存储空间，已删除侵权视频并尽到合理注意义务，是否可免责？
央视国际与暴风集团股份有限公司（以下简称“暴风集团”）侵害著作权纠纷案。	央视国际发现，暴风集团未经其许可，利用“暴风影音”网站及其PC客户端，直接向公众提供2014年巴西世界杯体育赛事及其节目的短视频在线播放服务。央视国际认为暴风集团严重侵害了其依法享有的通过信息网络向公众提供涉案赛事节目的权利。	涉案电视节目短视频的性质是否构成《著作权法》意义上的作品？原告央视国际是否有权利主张著作权？涉案电视节目短视频是否属于时事新闻报道？被告暴风集团在线播放涉案电视节目短视频是否构成侵权？

续表

案例名称	案例内容	争议焦点
咪咕视讯科技有限公司（以下简称“咪咕公司”）与中国联合网络通信有限公司安徽省分公司（以下简称“安徽联通”）著作权侵权及不正当竞争纠纷案。	2019年12月14日，安徽联通在其经营的IPTV平台CCTV5+频道直播了中国排球超级联赛赛事节目。咪咕公司以安徽联通侵犯其著作权为由，以不正当竞争为备用诉请，起诉至法院，要求安徽联通承担赔偿经济损失及合理维权费用31万元的侵权责任。	涉案赛事节目是否构成《著作权法》意义上的作品及作品类型？咪咕公司是否享有涉案赛事节目的著作权权利及享有何种权利？安徽联通的行为是否构成侵权？若构成侵权，安徽联通应承担何种民事责任？
央视国际与上海聚力传媒技术有限公司（以下简称“聚力传媒”）著作权侵权及不正当竞争纠纷案。	央视国际起诉聚力传媒未经央视国际许可，在线播放由中央电视台制作播出的2016年欧洲足球锦标赛赛事节目，侵害了央视国际的广播权，并构成不正当竞争，请求判令聚力传媒赔偿央视国际经济损失及为维权支出的合理费用人民币300万元。	涉案赛事节目是否构成《著作权法》意义上的类电影作品？涉案被告行为应由《著作权法》还是《反不正当竞争法》予以判定？聚力传媒使用涉案赛事节目的行为是否属于合理使用？
中国联合网络通信有限公司重庆市分公司（以下简称“重庆联通”）与苏宁体育文化传媒（北京）有限公司（以下简称“苏宁体育”）侵害其他著作财产权案例。	重庆联通未经原告授权，在其运营的IPTV电视业务中“点播—第一体育—劲爆足球—中国足球”项下提供了2019赛季中超联赛第5轮赛事的在线点播服务。苏宁体育起诉重庆联通侵害其体育赛事版权。	涉案视频的连续画面构成作品还是录像制品？苏宁体育对该连续画面是否享有权利？涉案被控侵权行为的性质及实施主体如何界定？
北京我爱聊网络科技有限公司（以下简称“我爱聊公司”）与央视国际侵害著作权及不正当竞争纠纷案。	我爱聊公司未经许可通过旗下“电视粉”软件，向用户直播中央电视台的CCTV1等共计16个电视频道。同时，该软件设置了2012年伦敦奥运会专题页面，向用户实时转播大量2012年伦敦奥运会赛事节目，并在歌华高清交互数字电视平台投放的开机广告中，对前述未经许可的侵权行为进行了持续的推广和宣传。央视国际故请求法院判令我爱聊公司赔偿经济损失100万元。	我爱聊公司运营的“电视粉”软件转播CCTV1、CCTV5等电视频道节目的行为是否侵害了央视国际的广播权、广播组织权？是否构成不正当竞争？

续表

案例名称	案例内容	争议焦点
央视国际与全土豆侵害作品信息网络传播权纠纷案。	2012年7月28日，央视国际发现全土豆在其网站上通过提供涉案节目的点播服务，侵犯了央视国际的合法权益并造成了重大经济损失，故诉至法院，请求判令全土豆文化赔偿央视国际经济损失100万元。	央视国际对涉案的2012年伦敦奥运会开幕式是否享有信息网络传播权？全土豆是否侵害了央视国际的信息网络传播权及其是否应承担相应的民事责任？
央视国际诉世纪龙信息网络有限责任公司（以下简称“世纪龙”）侵害信息网络传播权纠纷案。	2008年8月6日，央视国际发现世纪龙在其网站上实时转播2008年北京奥运会首场正式比赛——德国VS巴西女足赛。原告要求立即停止对原告享有的相关著作权的侵害，赔偿原告经济损失210万元。	网络服务提供者仅提供了点对点（P2P）技术服务，没有通过自己的服务器提供内容给用户是否会产生直接侵权行为？以“定时播放”方式在网络传播的体育赛事及其节目，在独创性上尚未达到《著作权法》所要求的高度是否可以作为录音录像制品纳入信息网络传播权的保护范畴？
上海视畅信息科技有限公司（以下简称“上海视畅”）与央视国际知识产权权属、侵权纠纷案。	2012年8月9日，央视国际就上海视畅通过网络实时播放了包括2012年伦敦奥运会开幕式节目在内的多项奥运会比赛节目，表示上海视畅的行为已严重侵害了央视国际的合法权益，要求上海视畅停止侵权、说明原因并妥善解决相关赔偿事宜。	通过爬虫技术获取视频在线播放的链接地址，“视频链接＋浏览器”构架的客户端技术，通过浏览器网页链接来播放Flash和HTML5视频，是否属于“盗链”“盗播”行为？开幕式节目是否构成我国《著作权法》所保护的作品？央视国际是否就著作权侵权享有诉权？涉案公司的行为是否构成著作权侵权和不正当竞争？

注：2020年修订的《著作权法》第三条中用“视听作品”替换了“电影作品和以类似摄制电影的方法创作的作品”，上表中体育赛事案例判决都早于此次修订，因此表中仍采用类电影作品的提法。

1.3　体育赛事版权侵权案例呈现的主要特征

1.3.1　重大体育赛事版权是侵权的重灾区

体育赛事版权交易市场竞争日趋激烈，重点赛事IP推动体育赛事版权价格持续走高。奥运会、世界杯、中超联赛等高市场价值体育赛事成为侵权的重灾区。本文选取的12件典型侵权案例绝大多数是央视国际网络有限公司（以下简称“央视国际”）为保护奥运会、世界杯、中超联赛等赛事的转播权，通过诉诸司法程序维护自身经济和社会利益的案例。近年来随着体育文化产业的发展，体育赛事转播市场的壁垒越来越高，要想进入该市场就必须付出更高的成本。对于体育赛事转播权的交易，2014年《国务院关于加快发展体育产业促进体育消费的若干意见》中虽明确要求放开对体育赛事转播权交易的限制，但在奥运会、世界杯等重大国际体育赛事的转播权交易上，国家依然规定中央广播电视总台是唯一拥有谈判和购买版权的主体。国际奥委会作为在全球范围内奥运会电视节目广播权和展览权的独家所有者，其独家销售的模式导致奥运会电视转播权在特定区域内的垄断。按照奥运会版权的交易模式，在获得国际奥委会的授权之后，中央广播电视总台不仅拥有奥运会在中国内地和澳门地区的电视独家转播权，还拥有通过无线方式公开广播或者传播奥运会作品的权利。根据版权再许可授权的原则，中央广播电视总台一般都会将重大体育赛事的新媒体版权许可授权给央视国际，由此，央视国际便拥有通过信息网络载体向用户转播体育赛事内容的权利。从版权交易主体来看，体育赛事组织和体育媒体组织都有垄断重大稀缺体育赛事的机会。体育赛事组织通过垄断的手段保护体育赛事版权，各级别项目协会、赛事组织者的这种垄断性之所以能够产生，其根本原因在于体育赛事服务产品的观赏性与竞争性并存，而竞争性要求相对的公平。为了突破垄断和价格壁垒，在自媒体盛行的当下，重大体育赛事版权遭遇侵权是必然现象。

1.3.2 拥有独家垄断资源的平台是主要被侵权对象

从12件典型侵权案例的客体来看，央视国际是主要被侵权对象。由于高质量体育赛事较为稀缺，转播价格和准入门槛不断提高，导致中小企业难以进入版权交易市场，而以互联网为代表的新媒体获得大型体育赛事版权的机会也较小，转播权竞争中较为严重的经济垄断现象频发。我国相关文件规定，中央广播电视总台负责购买重要体育赛事的相关电视转播权，在政策保护下消除了恶意竞争和非法交易的可能。这种模式虽逐渐形成了规范的交易模式，但也带来了一定的弊端。尽管随着赛事转播权交易政策的放开，中央广播电视总台也失去不少体育赛事的转播权。但依靠垄断优势，中央广播电视总台即便授权许可其他媒体转播，大多也设有高价转让和延时播放等条件。在众多国际品牌体育赛事转播权被中央广播电视总台买断的情况下，中央广播电视总台也会不断创新版权的营销模式，有时会将独家新媒体版权高价分销给腾讯、咪咕等新媒体平台。随着市场竞争的加剧，中央广播电视总台不断增加重大体育赛事版权价码，使腾讯、咪咕等新媒体平台对其垄断感到不满，加之互动新媒体技术平台的不断涌现，重大体育赛事版权纠纷逐渐成为难解的社会问题。

1.3.3 新技术引发的侵权案件不断增多

体育赛事转播权交易属于新兴内容产业，体育音像制品的销售与转播需要依靠赛事信号制作与传输系统支持，体育转播权交易与转播技术的发展表现出高度的正相关。虚拟平台的新型视频技术不断涌现是导致体育赛事转播侵权的重要原因。新媒体平台在体育赛事转播权交易市场中具有二次开发与运营等权利。新媒体技术使侵权更具隐蔽性，同时用户自我生产内容模式的流行，各传播平台审核的标准不一，导致新技术引发的侵权案件不断增多。以咪咕体育、体奥动力等为代表的长视频虚拟平台纷纷加入国内外优质体育赛事转播权的竞争中，我国体育赛事转播权市场由于新媒体的加入迎来了迅猛发展期。但整体来看，我国体育赛事版权市场仍然处于初级发展阶段，经济效益形式多元，转播权销售市场内部垄断与竞争的两极格局必然会对市场交易效率产生影响。在电视信号制作与节目包装技术不断发展、制播系统与互联网媒介技术深度融合的背景下，虚拟空间的体育赛事传播创新性发展趋势日益显著，互联网视频平台大批进军体育赛事转播产业，我国的体育赛事电视转播节目与互联网媒体平台转播竞争格局正在形成。基于技术便利的侵权现象成为体育赛事新媒体侵权的主要特点。

2 体育赛事版权的主要争议焦点

尽管从整体上看，体育赛事版权侵权案件标准不一，但案例司法实践引发讨论颇多，甚至出现多次“同案不同判”的现象，这说明法律界对各种体育视听产品的基础性质界定存在一定程度的争议。根据本文12个典型案例事件的内容及判决结果分析，体育赛事转播版权的争议焦点主要集中在涉案体育赛事转播节目是否属于《著作权法》中定义的作品；侵权行为是否属于合理使用；新技术盗播链侵权性质的认定争议；侵权行为采用何种法律调整等方面。

2.1 侵权作品是否属于《著作权法》中定义的作品的争议

在体育赛事版权争议中，体育赛事及其节目是否属于《著作权法》中定义的作品的争议一直存在。虽然2020年新修订的《著作权法》第三条中用“视听作品”替换了“电影作品和以类似摄制电影的方法创作的作品”，但上述体育赛事案例判决都早于此次修订，因此本文仍采用类电影作品的提法。在我国《著作权法》的立法体例上，所谓“具独创性作品所享有的狭义著作权”与“无独创性的劳动成果的邻接权”在专有权内容以及保护力度上存在差异。正是基于著作权及其邻接权的差异，体育赛事及其节目是否纳入狭义著作权或邻接权的保护，对持权主体的经济利益具有重大影响。经过素材选择、机位设置等步骤，并融入回放、特效等因素，体育赛事及其节目便不仅是独创性的表达，而且还具有可复制性，具备《著作权法》所保护的类电影作品的基本条件。然而，体育赛事及其节目在“何为独创性作品”的问题上仍容易产生争议，缺乏统一尺度，所以关于体育赛事及其节目是否具有独创性和固定性必定是争议的重要内容。

连续画面依据独创性的有无可以划分为“受著作权保护的电影及类电影作品”和“受邻接权保护的音像制品”两种，而在司法实践中还需要进一步考虑电影、类电影作品与音像制品独创性的高低问题。一般体育赛事转播都会涉及“多机位设置”“镜头切换”“慢动作回放”“精彩镜头捕捉”等创造性劳动，并辅以导播的画面选择与剪辑创意，这说明体育赛事转播是创作者根据自己的意志对连续画面进行选择、编辑与处理的创新性加工过程，据此可以将体育赛事及其节目认定为《著作权法》意义上的类电影作品。不过，由于体育赛事及其节目类型多样，既有类似奥运会开幕式的大型赛事活动转播，也有足球、篮球等集体性竞技项目的转播，还有举重、跳水等个体参与的竞技项目转播，体育赛事公用信号体现出的连续性画面与电影作品的分镜设计和叙事衔接相比，既不符合固定要件的标准，也没有达到电影作品艺术加工的独创性高度，所以又很难构成电影作品。因此，体育赛事转播及其相关的节目是否构成《著作权法》定义的作品，需要根据是否符合最低“独创性”的标准进行个案判断。随着新媒体技术的发展和体育受众需求的提高，特别是随着VR、AR等视听增强技术的应用，具有区别普通录像制品显著特征的体育赛事转播的创作空间和独创性水平会进一步提高，可以预见体育赛事及其节目是否属于受《著作权法》定义的作品的问题，日后仍将是此类案件判决的争议焦点。

2.2 侵权行为是否属于合理使用的争议

合理使用制度是国际社会对版权的一种普遍限制，它一般是指通过评论、介绍某一作品，或以说明问题为目的，将他人已发表的作品适当引用到本人的作品中。作为现行版权保护法律制度发展的重要成果之一，合理使用制度旨在保障公众在合理范围内对作品的“自由”接近和使用。《著作权法》设置合理使用制度以避免著作权人权利的过度膨胀、损害创作自由，以及由此导致的一系列著作权人与社会公众利益失衡的问题，其适用应严格遵循法律规定。在实践中，一般都是通过“作品使用行为的性质和目的”“被使用作品的性质”“被使用部分的数量和质量”“使用对原作品潜在市场或价值的影响”四个指标来判定是否属于合理使用。在具体的体育赛事侵权案例中，是否构成对体育赛事作品的合理使用应从引用目的、被引用作品占整个作品的比例、对原作品正常使用或市场销售的影响等因素综合考虑。如果只是为了配合其他节目录制适当地引用体育赛事转播画面，则应属于合理使用。

从引用目的角度来看，主要考虑新作品对原作品的引用是否进行了内容转换，如果产生了新的信息、功能或艺术表达则构成合理使用；如果其使用目的只是对体育赛事、球员的评论回顾，重点关注花边新闻、抽奖竞猜和嘉宾互动等也属于合理使用。从原作品占整个新作品比例的角度来看，主要根据原作品在新作品中的呈现方式、地位与功能等来判断引用是否适度合理。从对原作品正常使用或市场销售影响的角度来看，还需要考虑新作品是否以合理使用的名义取代原作品，或是否与原作品在市场上的正常使用发生冲突，是否存在对原著作人经济社会权益的不合理损害等。从“央视国际网络有限公司与上海聚力传媒技术有限公司著作权侵权及不正当竞争纠纷案”来看，尽管被诉侵权节目只是通过背景大屏幕播放涉案赛事，被诉侵权节目也屏蔽了原告方的解说内容，但法院判决认为屏蔽解说内容没有破坏涉案赛事的完整性，被诉侵权节目实质上完整播放了涉案赛事的核心内容，播放涉案赛事的大屏幕位居节目中央且面积超过整体节目画面的三分之一，涉案赛事画面处于节目整体画面的突出位置，基本不影响公众观看涉案赛事。因此，对涉案赛事的使用超出了对原作品合理使用的范围。

2.3 新技术盗播链侵权性质认定的争议

伴随网络虚拟平台的兴起，视频盗播现象日趋严重，而我国体育赛事直播产业也深受其害。新技术的发展使盗播链日益隐蔽，成为体育赛事版权侵权的重要方面。“北京我爱聊网络科技有限公司与央视国际网络有限公司侵害著作权及不正当竞争纠纷案”中，被诉行为是采用“浏览器+加框链接+主播互动”的模式，未经许可通过嵌套他人网页的方式对侵权内容进行直播。虽然央视国际不具备广播组织权的主体资格，但我爱聊公司行为违反了公平与诚信原则，给央视国际造成了巨大的经济损失，属于不正当竞争行为。也有观点认为“电视粉”作为社交软件，只是满足了用户交流、沟通或评论等需求，故不应当承担赔偿责任。

从著作权人的归属来看，体育赛事组织方在给各级转播商、媒体赋权的过程中，并未放弃自身的知识产权。因此，在一般侵权案例中，主办方都不认为体育赛事制作方属于著作权人。例如，在“咪咕视讯科技有限公司与中国联合网络通信有限公司安徽省分公司著作权侵权及不正当竞争纠纷案”中，咪咕公司、中视体育先后获得排球之窗的授权，处于授权链条上游的排球之窗首先授权原告咪咕公司享有包括IPTV平台播放权在内的独占性全媒体转播权，而后又授予被告安徽联通的上级内容来源方中视体育卫视独家版权以及央视新媒体播放权。由于央视新媒体播放权并非法定概念，合同中也没有对其进行细化和明确，所以仅从排球之窗与中视体育之间合作协议的签订背景、约定内容、当事人的意思表示和履行行为进行解读，最终认定央视新媒体播放权在合作协议中的含义，并不包括IPTV平台播放权。从IPTV平台经营者的责任认定来看，被告并非单纯负责IPTV信号传输，还负有开展市场营销和推广活动、向用户收取IPTV业务费用并进行分成等权利和义务，即使被告与案外人对播出内容侵权责任的承担有约定也不能对抗原告。由于体育赛事版权在授权过程中较复杂，授权链条较长，而且对权利范围和内容理解不一，因此，基于新技术侵权性质的认定成为体育赛事版权交易争议焦点不可避免。

2.4 侵权行为采用何种法律调整的争议

体育赛事及其节目版权侵权行为的法律调整一直是法院判决的难题。结合已公开的判决案例，对侵权行为进行法律调整的争议多数涉及赛事权利属性与请求权等基础性问题。司法部门虽然持续积极回应体育产业体系内部加强著作权保护的诉求，但对侵权行为的权利属性没有明确的规定，《著作权法》以及《反不正当竞争法》的适用规则受到质疑。使用《反不正当竞争法》对体育赛事版权进行保护是一种消极的防御性保护，无法满足现有授权制度和版权市场保障需求，也无法为体育赛事及其节目的许可与转让等流转提供长效必要的法律保障。从体育赛事及其节目客体性质来分析，对于《著作权法》与《反不正当竞争法》二者关系的辨析，应在坚持既鼓励创新又保障公平竞争这一基本原则的基础上予以妥善处理，试图通过《反不正当竞争法》规制体育赛事及其节目，将给以授权、许可为核心的体育赛事版权市场交易环境带来极大的不稳定。有观点认为体育赛事及其节目虽然构成了《著作权法》意义上的作品，但不属于《著作权法》枚举的作品范围，所以难以受到保护。

尽管在《著作权法》中，对体育赛事及其节目的客体性质与涉案行为没有明确的指向性规定，但从著作权保护的权利内容来看，特定客体属于法定作品类型与否的问题仍会因独创性标准的弹性而具备一定的解释空间。不论是从其客体性质、市场交易特点，还是从履行加入相关的国际条约的义务等方面来看，体育赛事及其节目应在《著作权法》框架内予以保护。在司法实践中，法院可以根据著作权权利兜底性规定与独创性裁量标准，给予那些需要进行保护、有利于体育产业发展的客体及其使用方式相应的保护，以促进体育赛事版权产业的发展。基于体育赛事及其节目的客体性质，体育赛事及其节目应属于《著作权法》穷尽性规定的领域，对于一般性的体育赛事侵权案例没有必要通过《反不正当竞争法》提供附加保护。尽管本文支持对体育赛事转播及其节目采取《著作权法》及其邻接权进行保护，但鉴于新媒体技术平台参与体育赛事转播的形式越来越宽泛，相关侵权行为涉及的方式也更加多样，法院采用《反不正当竞争法》规制相关侵权行为也比较合理。因此，采用何种法律调整体育赛事及其节目的侵权行为成为相关司法实践中又一争议焦点。

3 体育赛事版权争议的解决途径

在体育赛事及其节目的司法实践中存在法律适用标准不统一，相似案例的判决存在明显差异的现象。通过对相关法律的合理解释与适用，明晰体育赛事版权的保护规则，采取有效方式平衡创作者、传播者和社会公众之间的利益，可以取得良好的效果，且对体育赛事及其节目的侵权审理具有借鉴指导意义。

3.1 通过独创性的判定解决侵权争议

独创性一直是用来检验特定作品能否得到《著作权法》保护的重要依据之一。根据我国司法判例以及相关法律文书的论述，独立完成与创造性是判定独创性的两大主要依据。独立完成判定相对简单，即判定作品是否由作者个人独立创作完成。当前围绕体育赛事及其节目的独创性的核心争议在于，究竟什么是以连续画面为表现形式的内容独创性的判断标准，这需要结合《著作权法》修订内容进行考察。我国的《著作权法》通过独创性的判定来区分作品与制品的不同，在《著作权法》修订之前，我国为连续画面提供“电影作品及类电影作品”与“作为邻接权客体的录像制品”两类保护。

新技术的发展为体育赛事的公用信号制作、传输与加工提供了更多创意和创作空间。按照现行的体育赛事转播生产流程，体育赛事转播及节目制作者对特定比赛的理解融入镜头捕捉、视频剪辑等多个层面，运用叙事性镜头语言、艺术化情境展现，对既有音像资源进行个性化加工，达到了独创性要求。不过，在“北京新浪互联信息服务有限公司与北京天盈九州网络技术有限公司、乐视网信息技术（北京）股份有限公司著作权及不正当竞争纠纷案”“央视国际诉华夏城视网络电视股份有限公司不正当竞争纠纷案”等案件中，法院认为体育赛事及其节目制作人的独创性空间有限。由于体育赛事及其节目固有的纪实性、瞬时性特征与直播形式、制作规则的限制，使以上案例的体育赛事及其节目制作人在素材配给、选择和综合运用等方面无法达到类电影作品的客观要求，体育赛事及其节目与一般类电影作品有明显的创作高度差距。因此，多数情况下以上案例的体育赛事及其节目只能被认定为录像制品。北京市知识产权法院提供的判决思路值得借鉴，其认为“体育赛事公用信号所承载连续画面是否符合电影作品的独创性要求，仍需针对个案进行具体判断”“现场看体育赛事与看赛事直播是否存在差别与独创性并无任何关系。与独创性相关的是不同的直播团队对于同一场比赛进行直播的连续画面是否存在区别”。因此，对体育赛事及其节目的独创性认定最为关键。

3.2 通过合理选择规制法律解决侵权争议

为经营者划定清晰的行为界限，为直播行业等网络新业态的发展提供明确的指引，是体育赛事转播侵权案例司法实践的一大重要方向，对体育赛事及其节目侵权后是否会构成对著作权侵害的分析相对困难。由于“信号”不属于我国《著作权法》保护的对象范围，转播画面与信号一样具有流动性，缺乏复制权或录制权前提。虽然没有获得著作权人许可便在互联网平台实时地直播体育赛事及其节目的行为不属于《著作权法》范畴，但广播权在新传播环境下有一定的法律解释空间。按照这个要求，我国的《著作权法》关于广播权的解释在遵守《保护文学和艺术作品伯尔尼公约》以来的历史传统和定义的情况下，在司法实践中也应该考虑技术发展和产业变革的现实环境。任何具有创新性的竞争行为均应充分尊重竞争对手在技术研发或信息获取、使用过程中的付出，不得不合理地借用他人的竞争优势为自己谋取交易机会，对他人的正当经营模式产生不当干扰。

在体育赛事侵权案件的判决中，不少判决以构成不正当竞争作为判决依据，如在“央视国际网络有限公司与新传在线（北京）信息技术有限公司等其他知识产权与竞争纠纷案”中，新传在线使用“浏览器+加框链接+主播互动”的模式，通过嵌套他人网页的方式进行直播，实质上是在央视国际奥运赛事节目页面中插入了不受央视国际控制的主播直播模块，干扰了央视国际奥运赛事节目的正常播放。被诉行为通过直播浏览器的形式免费利用央视国际的独家奥运赛事节目直播资源，为自己的网站吸引用户、增加流量，侵权风险的扩散效应损害了央视国际奥运赛事的网络公信力，在刺激其他视频平台脱离付费授权产业链的同时严重损害了央视国际的经济利益。在该案例中，法院对被诉行为是否构成不正当竞争进行了论证，通过互联网技术创新，结合行业惯例，考虑诚实信用原则并对经营者利益、消费者利益与社会公共利益进行考量，最终要求被告全额支持央视国际的赔偿请求。因此，在确保各方利益平衡的情况下，选择有利于体育赛事版权产业发展的法律规制，是一种趋势。

3.3 通过授权主体与范围的确认解决侵权争议

体育赛事转播权在授权层面的权利范围界定不明，导致对体育赛事及其节目是否侵权的认定存在争议。由于体育赛事涉及上下游产业较多、产业链较长、参与授权与转让的主体较多，加之体育产业有其自身的发展规律，在对体育赛事及其节目授权范围的把握上，不但要根据系列合同进行整体解读，还需根据当事主体之间的关系进行综合判断。在“咪咕视讯科技有限公司与中国联合网络通信有限公司安徽省分公司著作权侵权及不正当竞争纠纷案”中，中国排球协会授权体育之窗具体运营中国排球超级联赛，但并未放弃其自身拥有的知识产权。而在之后体育之窗与排球之窗、排球之窗与咪咕公司之间的授权关系中，各方都明确了授权方的权利主体地位，问题的关键就在于排球之窗委托中视体育制作赛事节目信号时，是否对著作权归属作出约定。

合作协议是双方订立合同时真实意思的客观载体，对确定权利归属有重大意义，体育之窗与排球的合作协议明确排球之窗拥有2016—2021中国排球超级联赛五个赛季的完整知识产权，排球之窗将知识产权中的卫视独家版权和央视新媒体播放权授予中视体育。由此可以认定，在签订合作协议时，体育之窗认可排球之窗系涉案赛事的著作权人的地位，知晓排球之窗的上游权利来源情况。虽然体育之窗的主观认知并不能导致排球之窗拥有涉案赛事著作权，但可以推定双方明确划分了涉案赛事版权归属。排球之窗在授权中视体育之后，其保留了卫视独家版权和央视新媒体播放权之外的其他著作权权利。

4 结语

体育赛事及其节目的版权保护问题一直备受关注，案例指导是解决“同案不同判”现象的有效途径之一。然而，我国现行《著作权法》中没有明确体育赛事及其节目是否有“著作权”，这给体育相关产业发展带来了困难。同时，未经许可擅自截取使用体育赛事节目信号画面并牟取经济利益也会使版权拥有者产生一定的损失，从而降低体育赛事组织者和媒体组织者投入的热情。这不仅会给体育赛事版权市场带来负面影响，也无助于鼓励创新、推动体育文化产业的发展。版权保护法律制度是市场经济与技术发展的产物，这既对现行版权保护法律制度提出了新的挑战，又推动着该制度不断完善。因此，拥有相对统一的判决标准不但是解决体育赛事及其节目版权争议的重要依据，也是促进体育版权产业发展的重要手段。本文对近20年重要的体育赛事及其节目版权侵权的典型判决案例进行了总结归纳，也期待有更多与新媒体相关的体育赛事版权法律条款出台，从而促进相关产业的发展。

◎ **参考文献：**

[1] 胡云腾，于同志. 案例指导制度若干重大疑难争议问题研究[J]. 法学研究，2008，13（6）：3–24.

[2] 顾雪兰，李静. 析体育赛事产品的经济学特征[J]. 成都体育学院学报，2009，35（7）：11–14.

[3] 刘亚云，罗亮，马胜敏. 我国体育赛事转播权垄断问题及应对策略[J]. 体育学刊，2021，28（2）：54–59.

[4] 时建中，李四红. 体育赛事转播权市场销售行为的反垄断法规制研究及启示[J]. 首都体育学院学报，2020，32（3）：267–273.

[5] 何怀文，吉日木图. 新《著作权法》视域下视听作品的界定[J]. 社会科学战线，2022（5）：207–216.

[6] 来小鹏，许燕. 技术措施与合理使用的冲突与协调——对《著作权法》第49条及第50条的再思考[J]. 中国应用法学，2022（3）：185–198.

[7] 熊琦. 著作权合理使用司法认定标准释疑[J]. 法学，2018（1）：182–192.

[8] 张新锋. 解释论中体育赛事传播者权益之版权保护[J]. 现代法学，2019，41

（6）：149-163.

[9] 张新锋. 人工智能技术背景下的体育赛事专有权[J]. 上海体育学院学报，2020，44（2）：64-73.

[10] 王自强. 关于体育赛事直播有关版权保护问题的再思考[J]. 知识产权，2018（7）：3-7.

作者贡献声明

李金宝：选题确定、论文撰写。

李馨雅：资料收集、文章讨论与校对。

最好的名片：国际传播视角下奥运志愿者的公共记忆与媒介认同*

杨　舟

（北京体育大学，北京 100084）

◎ 作者简介

杨　舟：北京体育大学新闻与传播学院硕士研究生。研究方向：体育新闻传播。

摘　要：志愿服务水平是衡量一个国家社会文明程度的重要指标之一，2008年北京奥运会使中国的志愿服务进入了全新的发展阶段。本文采用定量为主、定性为辅的研究方法，立足国际传播视角，分析了《人民日报海外版》对2008年北京奥运会志愿者公共记忆的建构过程，探究了志愿者群体公共记忆媒介化过程中呈现的特点。研究发现，《人民日报海外版》关于2008年北京奥运会志愿者的报道以志愿者的经历和事迹为主，凸显了志愿者的民族认同感和社会责任感。志愿者的特殊身份与个体地位是报道的亮点，《人民日报海外版》主要通过将个体记忆融入宏大叙事的方式进行志愿者公共记忆的构建。

关键词：国际传播；志愿者；公共记忆；媒介认同

* 基金项目：2019年度国家社会科学基金重大项目“当代中国重要政治术语翻译与对外话语体系建设研究”（课题编号：19ZDA126）；2021年度国家社会科学基金重大项目“中国核心术语国际影响力研究”（课题编号：21&ZD158）阶段性成果。

2006年8月18日，时任北京奥组委主席的刘淇在视察国际田联第十一届世界青年田径锦标赛新闻中心时为志愿者们题语勉励：志愿者的微笑是北京最好的名片。如今，这句话伴随北京走过了2008年北京奥运会和2022年北京冬奥会，已然成为对志愿者形象的一种定义。“最好的名片”一方面描述了志愿者和志愿服务在建构群体乃至国家形象方面的积极作用，另一方面也是志愿者在进行志愿服务时留下的公共记忆的缩影，代表着志愿者群体对奥运志愿服务经历的集体认同。

社会高度媒介化背景下，公共记忆依赖大众传播媒介进行表征或建构，因此可以通过媒介如何表征记忆来观察和理解公共记忆。2008年北京奥运会的成功举办，不仅是中国人民的骄傲，也是中国在国际舞台上的精彩表现。本文以《人民日报海外版》关于2008年北京奥运会志愿者的报道为研究对象，立足国际传播视角，以探究参与奥运志愿服务的集体记忆在被媒介化的过程中呈现出何种独特的记忆特征。

1　文献回顾

1.1　关于公共记忆的研究

记忆研究最早起源于精神分析学和心理学领域，直到20世纪70年代末才进入人文社科的研究范畴。近年来，从传播学视角对记忆展开的研究崭露头角，关注点集中在记忆的建构和媒介在其中扮演的角色上。

公共记忆是记忆研究的重要组成部分，其概念最早源于法国社会学家莫里斯·哈布瓦赫的专著《论集体记忆》，他将记忆分为“集体记忆”和“个人记忆”两类，公共记忆属于集体记忆的范畴。

然而，公共记忆在许多研究中却或多或少地被滥用，或是与集体记忆等概念混淆。这一问题其实早已被一些学者注意到，并在研究中作了特别说明。李红涛从公共记忆的时间维度上对公共记忆与集体记忆进行了辨析，他援引丹尼尔·戴扬的观点认为，相较于其他聚焦于过去的记忆而言，公共记忆在时间维度上具有两面性，它既与过去的原初事件联系在一起，同时也致力于确保未来持续记得相关事件。在开放的公共生活中，公共记忆充当着环绕性的视界，为当下的讨论和行动提供资源。

公共记忆的形成受多种因素的影响与制约。正如尤尔根·哈贝马斯所指出的那样，公共记忆具有规范性意义，即人为地规范人们记住和忘却的内容。故而记忆的形成并不仅仅是靠复制，更是靠建构，且建构的过程也会受时代背景、政治氛围、个人境遇等因素的影响。童莹通过研究印度尼西亚马鲁古群岛的华人发现，公共记忆是在群体日常生活实践中形成的，并且可以通过习惯记忆和文化记忆的方式代际延续。王明远则认为国家话语的借用促进了公共记忆的形成，其通过台儿庄古城集体记忆重构的案例，分析了集体记忆向国家公共记忆升华，并正式成为后者一部分的过程。与之相似的是，麻国庆肯定了公共记忆对促进中华民族共同体认同的积极作用。潘天舒等进一步认为，公共记忆还在社会整合、国家认同乃至国际关系及区域安全发展中起到特殊作用。

1.2 关于志愿者报道的研究

一个良性运行的社会中，除了政府部门与私营部门外，还需要志愿者与志愿服务发挥“润滑剂”作用，关于志愿者的报道本身亦可以促进志愿服务的开展。2017年9月6日，国务院发布的《志愿服务条例》第三十五条规定：“广播、电视、报刊、网络等媒体应当积极开展志愿服务宣传活动，传播志愿服务文化，弘扬志愿服务精神。”

我国的志愿服务最早源于1981年中国政府与联合国志愿人员组织的合作，但相关文献认为，我国大中城市在改革开放后开展的社区志愿服务活动才是中国志愿服务工作的开端。中国社区志愿者组织与志愿服务首创于天津市和平区，旨在为孤寡老人、病残和特困户提供便民服务。1989年3月，新兴街道建立了天津市和平区第一个街道级的社区服务志愿者协会。随后，1990年天津的志愿者协会互助活动便出现在了《人民日报》上，这也是中国“志愿者”在《人民日报》上的初次亮相。此后，关于志愿者的报道逐渐增多，并开始呈现一定的特点。当前国内关于志愿者报道的研究主要从以下两个方面展开，一是关于志愿者媒介形象建构的研究，二是关于志愿者报道框架和机制的研究。

志愿者媒介形象建构方面，主要有李清川等和刘秋艳分别对上海世博会志愿者形象所作的研究。其中，李清川等分析了上海世博会志愿者的媒介形象，选取《人民日报》《解放日报》《东方早报》三家报纸作为研究对象，分别立足国家未来、城市和谐和青年成长三种框架，重构了作为志愿者主体的“80后”“90后”的形象，以志愿者群体和志愿精神为切入点，重新定位了社会中人与人的关系。刘秋艳除《东方早报》外，另外选择了《文汇报》和《新民晚报》作为研究对象，研究表明，上海世博会志愿者总体呈现“奉献、友爱、互助、进步”的形象特征，在志愿者组织层面、成员层面和社会层面的形象也分别有所侧重。此外，倪佳佳对南昌市志愿者形象进行了研究，其通过对志愿者团体的参与式观察与对志愿者报道的内容分析相结合的研究方式发现，志愿者现实形象与媒介形象之间存在理念、行为、机构和人员四个方面的偏差，并针对这一现状分别向媒体和志愿者组织提出了解决策略。

志愿者报道框架和机制方面，主要有彭晓华针对《人民日报》1994年和2008年有关志愿者报道的研究，该研究发现《人民日报》对志愿者的报道发生了从1994年的政治和整体框架到2008年的生活和个体框架的变迁，但始终不变的是1994年和2008年的报道都是以国家重大事件为核心，以推动国家政策的执行。高蕾以《人民日报》和《泰晤士报》在各自国家举办奥运会前后的四个月内以志愿者为主要议题的报道为研究对象，发现前者更偏向民族意识的建构，强调志愿者的“精英化”，而后者更偏向现场感的建构，强调志愿者的“代表性”，并提出应展现志愿者个人经历，强化报道的专业性与客观性，弱化志愿者“高学历”“精英化”标签的建议。

目前，国内对于公共记忆和志愿者的研究都不在少数，但前者往往偏重国家民族认同与形象建构，后者则多从社会服务的角度展开。相关研究甚少关注志愿服务对于志愿者公共记忆的建构，侧重于内容和话语分析，但缺乏系统性。综上所述，当前关于志愿者公共记忆建构的研究较为缺乏，更鲜见从国际传播的视角展开的研究。

2 研究设计

由前文研究现状可以看出，关于国际传播视角下奥运志愿者公共记忆建构的研究尚有空白。本文研究旨在通过媒体对公共事件的反映和记录，探究2008年北京奥运会志愿者公共记忆的建构过程和特点。由于本文希望展现国际传播背景下的公共记忆，故选择了具有外宣性质的官方媒体《人民日报海外版》为研究对象，由于研究样本的年代并不久远，资料较为丰富，研究方法以建立在内容分析基础上的定量研究为主。

2.1 研究对象

本文研究对象为《人民日报海外版》(下称“海外版”)。海外版面向全球发行，是中国在境外发行量最大的综合性中文报纸，也是世界了解中国、中国走向世界的窗口。选择海外版为研究对象，在保证志愿者公共记忆真实性的同时，也反映了官方意欲呈现的2008年北京奥运会志愿者的国际形象特点，具有一定的创新性和代表性。

本文研究样本选自海外版2008年1月1日—12月31日的报道，报道类型包括消息、评论、特写、访谈、摄影等。笔者以“奥运”“志愿者”等关键词对该时段内海外版数据库进行检索，剔除未以“2008年北京奥运会志愿者”为主题或重复的内容后，得到有效样本71篇。

2.2 研究方法

本文研究以定量为主、定性为辅，主要采用内容分析和语义网络分析两种研究方法，分析和观测单位均为“文章”，具体实施过程如下。

2.2.1 内容分析法

在仔细阅读所有样本的基础上，考虑变量对研究目的的达成性和所有变量的适用性，本文研究进行了如下的变量建构：报道体裁（1=消息，2=评论，3=特写，4=访谈，5=摄影）；报道主题（1=事迹宣传，2=经历分享，3=会议与活动，4=肯定精神，5=介绍事宜）；报道人物（1=外籍志愿者，2=华人华侨及留学生志愿者，3=港澳台志愿者，4=残奥志愿者，5=特殊社会身份志愿者，6=一般志愿者），此部分如此分类是由于外宣性是海外版较为突出的特点，因此本文研究在建构类目时没有参考志愿者原有的业务领域区分，而是主要依据志愿者的国籍认同。在具体阅读样本过程中，本文研究又发现残奥和特殊社会身份的志愿者也占据了一定比例，对于这部分志愿者没有突出其国籍认同，不会与前述分类重合，故也单独列出。“一般志愿者”指既无特殊国别认同，又无特殊社会身份的志愿者；人物单位（1=个体，2=群体）；情感色彩（1=赞扬，2=感谢，3=感动，4=充实，5=中性）。

本文基于定类数据的性质及对偶然一致性因素的考虑，选取Cohen's Kappa信度系数对各个变量进行检测，得出：*K*（报道体裁）=0.880，*K*（报道主题）=0.890，*K*（报道人物）=0.824，*K*（人物单位）=0.967，*K*（情感色彩）=0.959。各类目信度系数均高于0.80，符合研究要求。

2.2.2 语义网络分析法

本文采用语义网络分析法，对全部71篇样本进行分析，以探究各高频词间的逻辑关系。具体实践中利用内容分析软件ROST Content Mining 6.0中的社会网络和语义网络分析功能，对样本内容进行可视化操作，生成语义网络分析图。

3 结果与分析

通过对71篇样本内容进行精读，本文研究立足国际传播的视角，主要从以下几个角度呈现2008年北京奥运会志愿者的集体记忆图景：其一，基于海外版的相关报道对2008年北京奥运会志愿者群体的记忆进行内容分析，并通过语义网络可视化分析佐证研究结果；其二，对不同身份认同的志愿者的记忆在新闻报道中的呈现方式进行归纳和总结；其三，分别从官方和个人的角度，探究外宣类官方媒体塑造2008年北京奥运会志愿者公共记忆的过程。

3.1 重返2008：2008年北京奥运会志愿者报道的记忆内容

本文研究梳理了71篇样本，发现2008年北京奥运会志愿者报道的记忆文本存在一定的规律性。

首先，报道的数量分布呈鲜明的集中趋势（图1），2008年的1月至4月并无相关报道，自5月起报道数量逐渐增加，在2008年北京奥运会举办的8月达到顶峰，随后迅速下滑，在10月至12月皆只有1篇报道。媒介事件以典型的现场直播方式唤起了广泛的同期注意，并构造出不同于其他叙事方式的庆典仪式。志愿者作为2008年北京奥运会这一盛大媒介事件中的重要组成部分，其公共记忆的建构顺应媒介事件的发生而进行，在媒介事件达到狂欢顶峰的同时，志愿者也获得了最大程度的关注。但不可忽视的是，尽管时间仍处在被称为“奥运年”的2008年，但随着2008年北京奥运会的结束，志愿者话题热度依然骤降，由此可见记忆的弱化是不可避免的，新鲜记忆的积累会逐渐覆盖陈旧记忆，使后者持续地处在被淡忘的过程中。

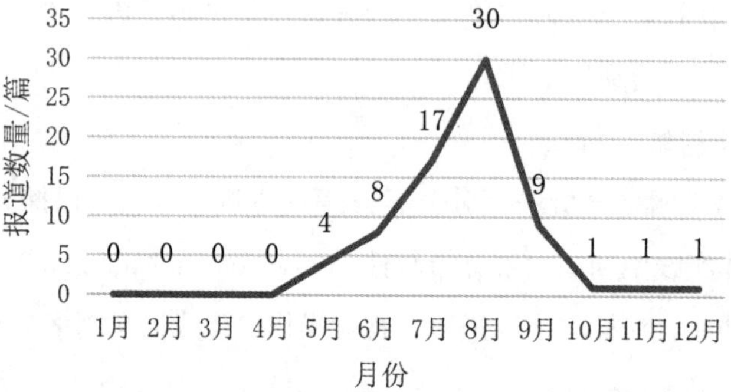

图1　2008年北京奥运会志愿者相关报道数量趋势

对于8月的30篇报道来说，报道的数量分布在这一个月内呈鲜明的集中趋势这一规律同样有较明显的呈现。2008年北京奥运会分别于8月8日和8月24日举行开幕式和闭幕式，在开幕前的7天（8月1日—7日）和闭幕后的7天（8月25日—31日）中，日均报道数量分别为0.857篇和0.714篇，而在奥运会举办期间（8月8日—24日），日均报道数量达到1.58篇，约为非奥运会期间的两倍。然而若要进一步探究2008年北京奥运会志愿者群体的公共记忆建构过程，还需要分析报道的主题。

本文研究将71篇样本的主题主要分为五类，具体阐释见表1。由表1可知，在有关2008年北京奥运会志愿者的报道中，以“会议与活动”“经历分享”和“事迹宣传”为主题的报道占比较大，以“肯定精神”和“介绍事宜”为主题的报道占比相对较小。

表1　报道主题划分、阐释与数量分布

主题	阐释	数量/篇
事迹宣传	对志愿者突出贡献的表扬	17
经历分享	参与志愿者选拔或记录志愿服务时的个人经历与感受	20
会议与活动	关于志愿服务的重要会议，以及有关志愿者的纪念活动	21
肯定精神	未突出志愿者的事迹与经历，但赞扬了志愿者的精神	4
介绍事宜	对有关志愿者及志愿服务的各项事宜的介绍	9

“会议与活动”这一主题主要通过消息和摄影两种类型呈现，情感色彩多为中性，以用简短、直观的新闻语言记录事件为主。该主题下所呈现的事件包括志愿者的誓师会、动员会、抵达和惜别等重要官方活动，以及集体生日、“奥运游”等自发组织的娱乐活动，可见记忆的建构存在官方的和自发的两种模式。

“事迹宣传”和“经历分享”两类都是对志愿服务的具体反映，前者侧重志愿事迹的突出性与先进性，具有强烈的主旋律宣传色彩，而后者侧重志愿经历对个人成长和社会发展的重要意义，整体报道风格更加活泼。围绕媒介事件的记忆未必和原初事件相隔很久，对媒介事件的中介化呈现有可能与记忆相互并行、重叠乃至渗透转化。由媒体对相似的志愿服务过程的不同主题的呈现，可见志愿者公共记忆的建构方向在一开始就出现了差异，并且这种差异是由媒体主导的。

这一差异也使报道整体呈现强烈的民族认同感和社会责任感。本文研究基于ROST Content Mining 6.0 软件对71篇样本进行了语义网络可视化分析，得到图2。由图2可知，样本数据的中心词主要有“志愿者”“北京”“服务”和“奥运”四个。“志愿者”“北京”和“奥运”分别描述了报道的主要人物、地点和事件，而“服务”则强调了志愿者的本质属性，即为2008年北京奥运会的举办提供服务，这也印证了上文中“志愿经历与事迹是报道的主要内容”的发现。

与以上四个中心词关联较强的还有“中国”和“海外”。作为具有外宣性质的官方媒体，海外版对志愿者的报道在包括外籍人员、华人华侨和留学生海外志愿者的群体上笔墨颇重。与“中国”和“海外”这两者相连的词语有“文化”，可见文化被视作中外交流的桥梁之一，在下文的论述中也将进一步讨论国际传播视角下的跨文化交际在志愿者公共记忆建构中的作用。由图2可知，“中国”和“海外”的关联词有一定的区别，其中与“中国”相连的有“英语”“参与”和“运动员”等，和“海外”相连的有“华人”“华侨”和“留学生”等，后者主要描述了海外志愿者群体的身份认同，前者则可以管窥在当时的志愿者招募以及服务的过程中，语言能力相当重要，关于某志愿者掌握多种语言的报道层出不穷，而“参与”“微笑”与“奥运”相连，也恰好印证了“志愿者的微笑是北京最好的名片”这句宣传语。

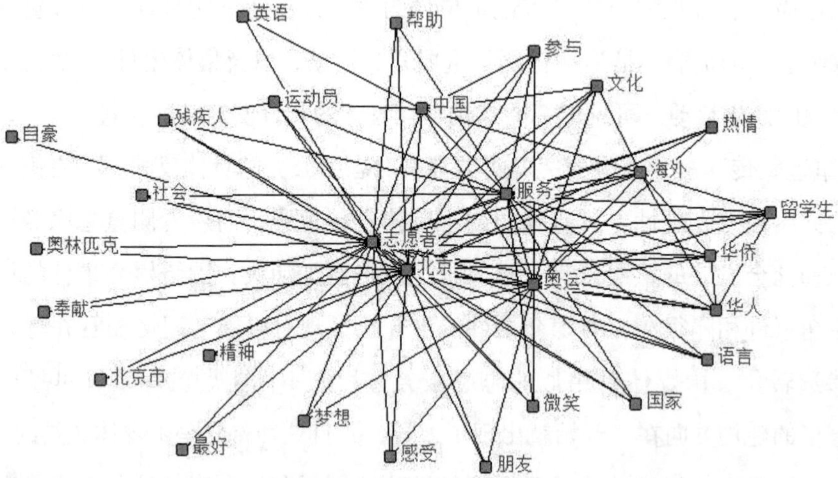

图2　2008年北京奥运会志愿者报道的语义网络分析

3.2　有朋自远方来：身份认同与公共记忆

诚如哈布瓦赫所言，记忆是与单一社会群体相联系的，每种集体记忆都需要来自特定时间和空间的群体支持，不可能存在一个普遍的群体拥有普适性的记忆。本文研究样本中共有外籍志愿者、华人华侨及留学生志愿者、港澳台志愿者、残奥志愿者、特殊社会身份志愿者和一般志愿者6种人物类别。

首先，特殊的地缘认同对报道脚本产生了影响，海外版的国际传播属性在这一点上得到了充分体现。2008年北京奥运会共录用来自98个国家和地区的奥运会志愿者74615人，其中中国大陆志愿者73195人，港澳台志愿者485人（香港志愿者299人、澳门志愿者95人、台湾志愿者91人），外籍志愿者935人。本文研究将外籍志愿者、华人华侨及留学生志愿者和港澳台志愿者归为特殊地缘认同志愿者，以该类志愿者为主要人物的报道占全部样本的31.0%。特殊地缘认同志愿者有长期在中国大陆以外地区生活的经历，以他们为主要人物的报道也呈现了不一样的主题（图3）。

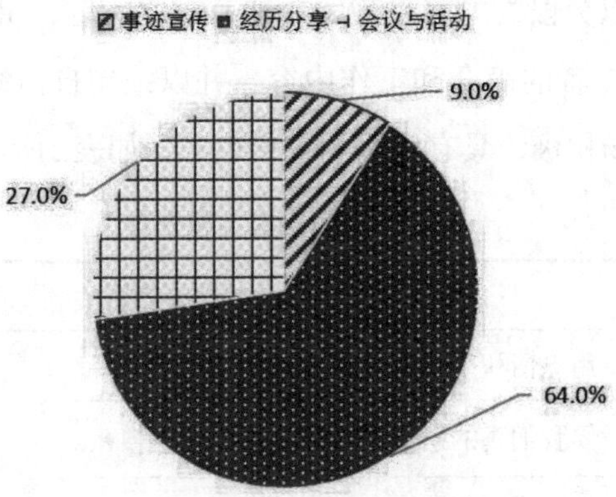

图3　以特殊地缘认同志愿者为主要人物报道的主题分布

该类报道覆盖了三个主题：事迹宣传、经历分享和会议与活动。其中“经历分享”占比最高，达64.0%，而与之近似的主题“事迹宣传”却仅占9.0%。2008年的中国处在塑造大国形象的关键期，而2008年北京奥运会恰好成为中国大国形象展示的窗口，对于特殊地缘认同志愿者，通过其在北京进行志愿服务的见闻展示北京乃至中国的形象，比宣传其志愿事迹和精神更能起到跨文化传播的作用。

例如，2008年8月4日刊登的《北京奥运帮我实现梦想》一文，分别从来自加拿大、伊朗和印度三个国家的志愿者的视角展开：加拿大的乔治·塞邦尼迪乌说“在北京，我能实现自己的梦想……人们将看到一个完美的、令人激动的奥运会”；伊朗的胡漫2008年正在北京中医药大学攻读针灸博士学位，其对于国外针对2008

年北京奥运会的非议表示“这是因为他们不了解中国”；印度的莫妮卡一家包括中文名叫“王府井”的小儿子参加了志愿者培训，莫妮卡表示“我儿子现在都不愿意回印度了，每次回去，他都说还是中国好”。这篇报道直接表达了外籍志愿者对中国和2008年北京奥运会的肯定。这种近似故事化的叙事是海外版的特色，也是“讲好中国故事”的重要组成部分。

其次，对于占比最多的一般志愿者，其报道体裁、主题和感情色彩等虽然没有表现出规律性，但是也存在一定的模式化框架。例如，2008年8月15日刊登的《志愿者：北京最靓丽的风景》和2008年7月31日刊登的《志愿者：我们共同的名字》两篇报道，皆以分段的方式呈现，每段有独立标题，讲述一个志愿者的故事。每个故事都包括志愿者的简介和工作内容，并以一句自白结尾。自白的内容有一定的主题，整体立场积极，具有鲜明的宣传色彩，如表2所示。

表2　自白内容主题分布

主题	自白内容
东道主意识的体现	我要用热情和微笑来展示我们奥运主人的姿态！
	这时候我们真的感受到作为奥运主人的自豪。
	我们代表的可是北京！
完成志愿服务的决心	这样就能让我们更加团结，更有凝聚力，工作起来更有激情。
	不存在累不累，只要需要上岗，我都会拿出最好的状态做好志愿者的工作。
	我们是医护人员，这就是我们参与奥运能够做到的，也是应该做到的。
	让我们用微笑装点北京！
对奥运圆满举办的期待	我们为的是让更多的人参与奥运，传递爱心和梦想。
	更多的人投身到志愿者行列中，相信奥运会在这样的氛围中定会成功！

海外版的奥运传播兼具民族与国家的空间坐标，构建了既有文化认同又有民族认同和国家认同的蓝图。例如，詹姆斯·W. 凯瑞认为传播是一种仪式，是在时间上对一个社会的维系，是共享信仰的表征。样本中这种重点突出积极与奉献的报道框架也体现了海外版建构海内外公共记忆的任务。2008年北京奥运会给最普

通、最广大的志愿者群体留下了自信、奋进而阳光的背影。

最后，对于残奥和特殊社会身份志愿者的相关报道，特写是占比最高的新闻体裁，主题也以事迹宣传为主，这种手法制造了志愿者集体记忆的高光点。新闻特写多用描写手法，截取新闻事实中最有表现力的片段，这从侧面也可看出海外版依旧希望在国际舆论场上强调志愿者的责任意识和奉献精神。

报道中涉及的特殊社会身份志愿者中有2008年北京奥运会、残奥会最年长志愿者孙芳垂（报道刊登时87岁），前轮椅击剑运动员金晶，中国社会科学院教授以及能够提供法律、外语维权及物业管理等服务的团队。该类报道描写生动活泼，如2008年9月5日刊登的《担任奥运志愿者的专家们》一文，讲述了来自中国社会科学院的专家志愿者的故事，文章不仅说明了专家志愿者的生平经历和专业技能，还记录了他们与前来参加奥运工作的外国友人相处的趣事："……杨达洲与斯捷潘·梅西奇同是萨格勒布大学的同学，杨达洲在哲学系，梅西奇在法律系。但梅西奇是学生会领导者，与当时的4名中国留学生关系很好。两人50年没有见面了，都已成了老人，可梅西奇一眼就认出了杨达洲，两人亲切拥抱，互致问候，并亲切合影。

海外版通过突出当代中国主题，以鲜活故事打动人心，顺应了国际社会对中国变化的关心和好奇，展示了立体、全面、真实的中国形象。媒体倾向于将历史"私人化"，即通过讲述那些值得尊敬、具有代表性的个体的故事，赋予历史事件或时代以一种人性化的色彩。

3.3　大家的奥运：多主体融合的记忆共同体

在记忆的权力观视角下，民间与官方、大众与精英的分野造成了记忆建构的对立局面，但在进行记忆研究时，仍然有必要思考这种预设的真实性。海外版在报道中强调了不同主体的差异与交融，2008年北京奥运会志愿者的公共记忆也是在相互对话、彼此交融的共谋关系中建构起来的。个体与集体、家庭与国家乃至国家与国家之间因为2008年北京奥运会志愿者的身份而连结，交往的界限被打破，奥运新闻报道呈现出多主体融合的公共记忆生产局面。

首先，集体记忆的加冕性得到了体现。尽管海外版对2008年北京奥运会志愿者相关报道的主题宣传色彩浓厚，但这并未影响志愿者个体形象与经历的独特性。相反，正是在集体的工作生活中，志愿者的个人记忆才获得了加冕。

以刊登于2008年8月21日的《奥运志愿者集体过生日》和2008年8月23日的《北京志愿者求婚成功》为例。前文是一篇摄影报道，配文称照片中的9名志愿者最小的20岁，最大的38岁，生日都在8月，他们在服务岗位上过了集体生日；后文是一篇消息，尽管全文只有几百字，却生动细致地展现了主人公的心情、感受、状态等细节：

"……两位女士惊讶地睁大了眼睛，随即红了眼眶，她们微笑着将代表'我愿意'的中国红心贴在了对方的左胸前，志愿者同伴及路人见状纷纷鼓掌送来祝福。"

"……陈琦将一枚皇冠形状的钻戒戴在赵菁的无名指上，戴到一半觉得不对，又摘下来戴到中指上，由于紧张激动，他的手一直在抖，引来同伴善意的笑声。赵菁甜蜜地说：'今天我与祖国同喜。'说完二人相视一笑。"

"另外一位女主角马蕾说话时是几个字几个字往外蹦。她说，心情太激动了，这是她这辈子永远不会忘记的一天……"

生日与婚姻本是私人生活的纪念性活动，但志愿服务的记忆空间却为其提供了与社会宏大叙事交汇的场域。个人记忆与媒介事件产生交集，并会在日后的无数次回忆中不断产生新的意义。此外，个人记忆也会与宣传话语中的精神象征产生激荡，如2008年8月16日刊登的摄影报道《志愿精神诠释雷锋精神》便体现了个人与伟大精神的互融。

其次，作为全球性媒介事件的奥运会，其呈现过程与民族和国家紧密相连，牵涉着对自我和他者、民族和世界的理解与想象。我国的家国观念将家与国视同一体，注重代际传承，倡导为国奉献。例如，2008年8月23日刊登的《南京父女俩服务奥运》讲述："和大多数留守家中通过电视观看奥运盛会的人们不同，刘建瓴一家三口的奥运生活显得很特殊。爸爸刘建瓴是南京市公安局治安支队监察室主任，7月31日起协助北京警方做奥运安保工作。20岁的女儿刘伊人是南京中医药大学第二临床医学院大一学生，被分配在五棵松篮球馆，担任流通区引导员。

就连独自留守家中的妈妈，也于8月20日，带着从网上抽奖幸运得来的奥运田径比赛入场券去北京看奥运比赛……”

在这个家庭中，父亲参与奥运安保工作，女儿担任奥运志愿者，母亲前往北京观看奥运比赛，全员参与奥运。报道中对父女二人的工作热情和态度都给予了笔墨，如父亲“没有正常的上下班时间，必须随时待命，处理情况”，女儿“一到北京就忙着熟悉场馆，进行业务、礼仪等相关培训工作”，两人“除了到北京的第一天，女儿发高烧，爸爸送了两次药外”一直没有见过面，父亲甚至无法照顾女儿。而母亲担任了幕后支持者的角色：“这次去不但可以看比赛，还能看到他们父女俩，我好想念他们。”家庭内的记忆联结与2008年北京奥运会的背景产生了激荡，使代表话语权力的公共记忆更加具有临场感。

此外，在构建国家之间的友好记忆时，志愿者发挥了使者的作用。对于国际关系等话题，海外版并未在志愿者报道中直接描述，而是通过不同国籍志愿者相处的细节和言论侧面体现，这种以小见大的表现手法多表现为文化和生活中的差异与沟通。例如，2008年8月5日刊登的《华侨华人志愿者北京展笑颜》一文，聚焦华人华侨这一特殊群体，该群体具有多重文化背景和先天的语言优势，在其他国家可以传播中国文化，来到北京后又能够带来外国文化。来自以色列的李荣华是一位太极拳教练员，在以色列的俱乐部和学校教学；来自澳大利亚的翁明可以说普通话、广东话、潮州话以及越南话、柬埔寨语和英语——他们对2008年北京奥运会最大的贡献实际上是文化沟通。

热情与温暖的叙事也是连结奥运背景下不同国家人民的桥梁。2008年8月22日刊登的《外籍志愿者之家》一文，讲述了荷兰志愿者罗夫和奥帆志愿家庭的故事。奥帆志愿家庭是共青团青岛市委委员会、青岛市志愿者协会于2007年5月启动的一项活动。作为奥帆赛志愿服务的一种新形式和外国友人了解中国文化的平台，奥帆志愿家庭也感受到了奥运带来的快乐。

“……罗夫来到这家奥帆志愿家庭以后，小主人多多用英语向他介绍自己的家庭成员，女主人为他准备了水果和饮料，并为他表演茶道，展示了中国的茶文化。爷爷奶奶也即兴为他表演了一段相声。温馨洁净的家庭环境、热情好客的家庭氛围以及志愿者流畅熟练的英语口语，让罗夫感到非常温暖……”

在国际传播背景下，我国官方媒体不可避免地面临国际话语权缺失、报道方式政治性过强和忽略受众多元化信息需求等挑战，但这种风格亲切的志愿者报道成功地拉近了两国人民的距离——罗夫称“很喜欢青岛这样的海滨城市，毕业后想到香港或青岛工作”，这客观上在世界舞台上展示了中国的形象。志愿者报道在此不仅是公共记忆回溯的里程碑，更是奥运外宣的一张“温情牌”。

不过，仅针对报道内容进行分析，至多只能还原媒介中的记忆样貌，并没有十足的说服力。因此，笔者从前人的研究中对志愿者的公共记忆建构也作了探寻。2018年，王艳对15位2008年北京奥运会志愿者进行了访谈，发现其集体记忆的关键构成要素可以归纳为“我参与、我奉献、我快乐”，在新媒体环境下，这种集体记忆以社交网络等为载体，一直存在于志愿者的心中。本节的研究发现与这一结论也基本相符，在海外版的报道中，2008年北京奥运会志愿者无论是身份认同还是文化背景，基本都表现了这样的记忆特征。

4 结语

正如民意并非个体意见的总和一样，特定记忆社群的集体记忆也不只是社群成员个体记忆的总和。2008年北京奥运会是一场空前绝后的体育盛会，也是志愿服务在中国飞速发展的标志，置身其间的志愿者群体共享了一段见证家国盛事的公共记忆。

2008年北京奥运会志愿者报道以志愿者经历和事迹为主要内容，呈现了强烈的民族认同感和社会责任感。本文研究发现，2008年北京奥运会志愿者的公共记忆建构主要从特殊身份认同与个性化主体两个方面入手。相较于一般志愿者，特殊地缘认同志愿者相关的报道更突出其在中国的见闻与感受，借志愿者之口描绘了中国式现代化的繁荣景象。特殊的社会身份（如高级知识分子、特殊专业技能）等也从侧面反映了中国人才济济的社会状况。官方视角的报道话语建构了中国发展迅速、生机勃勃的国际形象，而个体视角的记忆亦着力凸显了个人和家庭的地位，不同文化背景和国家之间的宏大叙事，被消解为个人与个人、家庭与家庭之间的温馨片段。

2022年，北京成功举办冬奥会，成为世界上第一座“双奥之城”，当“鸟巢一代”（2008年北京奥运会、残奥会赛会志愿者群体）多年之后再度回首，他们的微笑依然是北京乃至中国“最好的名片”。

◎ 参考文献：

[1] 莫里斯·哈布瓦赫. 论集体记忆[M]. 毕然，郭金华，译. 上海：上海人民出版社，2002.

[2] 李红涛. 深度媒介化与媒介事件的公共记忆[J]. 西北师大学报（社会科学版），2021，58（1）：57-67.

[3] DAYAN D，KATZ E. Media events：the live broadcasting of history[M]. Cambridge：Harvard University Press，1992.

[4] 王赳. 从暴徒到英雄——构建激进参政者的公共记忆[J]. 史学理论研究，2008（2）：58-68.

[5] 童莹. 海外华人的公共记忆与族群认同——以印尼马鲁古群岛华人为例[J]. 东南亚研究，2018（2）：137-151.

[6] 王明远. 台儿庄古城的重建：记忆重构、公共记忆与国家话语[J]. 民俗研究，2016（1）：136-142.

[7] 麻国庆. 公共记忆与中华民族共同体认同[J]. 西北民族研究，2022（1）：5-14.

[8] 潘天舒，龙宇晓. 中国公共记忆研究范式新思考：来自山地民族的启示[J]. 贵州师范学院学报，2016，32（2）：1.

[9] 邓国胜. 中国志愿服务发展的模式[J]. 社会科学研究，2002（2）：108-110.

[10] 彭晓华.《人民日报》对志愿者的报道框架变迁研究[D]. 上海：复旦大学，2014.

[11] 李清川，杨朕宇. “新一代公民”的媒介形象塑造——以上海世博会志愿者形象的媒介框架分析为例[J]. 新闻记者，2011（2）：34-38.

[12] 刘秋艳. 上海纸媒构建世博会志愿者的形象研究[D]. 上海：上海外国语大学，2012.

[13] 倪佳佳. 南昌市志愿者媒介形象研究[D]. 南昌：南昌大学，2014.
[14] 高蕾. 中英媒体对本国奥运会志愿者报道的差异研究——以《人民日报》《泰晤士报》对本国奥运会志愿者的报道为例[J]. 新闻知识，2014（2）：95-97.
[15] 郝森磊. 奥运志愿者：我们准备好了[N]. 人民日报海外版，2008-07-17（4）.
[16] 李娜. “北京奥运帮我实现梦想”——北京奥运会外籍志愿者掠影[N]. 人民日报海外版，2008-08-04（3）.
[17] 王怀东.《人民日报海外版》对中国文化的传播[J]. 青年记者，2017（14）：31-32.
[18] 李鲤. 想象的共同体：奥运传播与民族空间建构——以《人民日报》海外版为例[J]. 新闻知识，2013（1）：3-5.
[19] 詹姆斯·W. 凯瑞. 作为文化的传播[M]. 丁未，译. 北京：华夏出版社，2005.
[20] 杲文川. 担任奥运志愿者的专家们[N]. 人民日报海外版，2008-09-05（7）.
[21] 李婕，聂传清. 跨越重洋，“海味”更浓——人民日报海外版加强国际传播能力建设的实践与思考[J]. 传媒，2021（22）：9-11.
[22] KITCH C. Pages from the past：history and memory in American magazines[M]. Chapel Hill：The University of North Carolina Press，2005.
[23] 刘亚秋. 从集体记忆到个体记忆 对社会记忆研究的一个反思[J]. 社会，2010，30（5）：217-242.
[24] 朱嘉磊. 北京志愿者求婚成功[N]. 人民日报海外版，2008-08-23（7）.
[25] LEE J S，YOON H. Narratives of the nation in the Olympic opening ceremonies：comparative analysis of Beijing 2008 and London 2012[J]. Nations and nationalism，2017，23（4）：952-969.
[26] 佚名. 南京 父女俩服务奥运[N]. 人民日报海外版，2008-08-23（7）.
[27] 崔银娜，刘珊. 华侨华人志愿者北京展笑颜[N]. 人民日报海外版，2008-08-05（6）.
[28] 张永恒. 外籍志愿者之家[N]. 人民日报海外版，2008-08-22（11）.
[29] 朱雅文. 党媒的国际话语权构建——以人民日报海外版为例[J]. 传媒，2022（9）：59-61.
[30] 王艳，INGE D，MARC T. “鸟巢一代”奥运志愿服务集体记忆与奥运遗产[J].

沈阳体育学院学报，2018，37（6）：65-72.

[31] ZERUBAVEL E. Social memories：steps to a sociology of the past[J]. Qualitative sociology，1996（19）：283-299.

昨日重现：2020年东京奥运会短视频的内容呈现与生产路径探析

张昊若，罗姣姣

（北京体育大学，北京 100084）

◎ 作者简介

张昊若：北京体育大学新闻与传播学院硕士研究生。研究方向：体育新闻与传播。

罗姣姣：北京体育大学新闻与传播学院讲师，硕士生导师，清华大学新闻与传播学院出站博士后，中国文艺评论家协会新媒体委员会委员。研究方向：广电与网络视听传播、体育视听传播。

摘　要：2020年东京奥运会是新型冠状病毒感染疫情暴发以后举办的第一次全球性的体育盛会，受到各方的密切关注。2020年东京奥运会经历了一年的延期，于2021年7月23日正式开幕。2020年东京奥运会举办于中国短视频不断兴起的媒介环境之下，赛事传播的模式和路径的塑造受到了短视频媒介环境的重要影响。本文从短视频的创作主体、内容以及效果方面出发，探析2020年东京奥运会相关短视频内容生产和传播的特点，并反思其在创作中呈现的版权之困、内容同质等问题。

关键词：2020年东京奥运会；内容生产；传播运营；补偿性媒介；集体记忆

受新型冠状病毒感染疫情（以下简称“新冠疫情”）的影响，2020年东京奥运会在延期一年后，于2021年7月23日—8月8日正式举办，这是新冠疫情暴发以后举办的全球性的体育赛事，受到各方的密切关注。短视频兴起的媒介环境为赛事传播提供了温和的土壤，在主体、内容以及效果等方面都有可研究之处。其中，2020年东京奥运会在短视频生产传播过程中呈现了丰富多元的特质，不同主体基于不同定位和目标，共同组建了传播生态的有机部分，在赛事短视频内容生产和传播上呈现了不同面向。同时，内容文本创作也是研究短视频生产的重要维度，2020年东京奥运会期间，短视频在内容层面也呈现出新特点，节目类型和内容上的探索成为短视频内容生产的重要议题，短视频整体呈现出主流化载体的作用，从用户量级和话题聚焦的能量，都体现了主流化的特点。具体而言，短视频塑造了2020年东京奥运会在新的媒介环境下赛事传播的独特景观，短视频成为2020年东京奥运会赛事传播的核心载体。然而，在火热的赛事短视频传播实践的背后，也要看到其可能存在的一些困境和隐忧。

1 2020年东京奥运会短视频的主体生产特征

1.1 东京奥组委官方短视频特征：设立议程，回顾瞬间

2020年东京奥运会及残奥会在抖音、微博上均设立了官方账号，借助短视频和社交媒体平台的阵地进行官方信息的发布，抖音、微博平台上的官方账号成为2020年东京奥运会对外发声的重要渠道。抖音作为我国头部短视频平台之一，其传播特征极具代表性，微博平台也有大量短视频内容的发布和传播。设立官方账号，也成为赛事传播过程中的标配化操作。

2020年东京奥运会期间，在抖音平台上，东京奥组委官方以“东京2020年奥运会”的账号进行内容的发布，共发布作品641条，总获赞量达249.8万，粉丝量为22.6万（本文数据统计截至2023年11月1日）。其中2021年7月24日发布的比赛日第一天短视频获赞量最高达21.3万，评论1700余条。比赛日第一天短视频的视频内容为单张图文短视频，图片为2020年东京奥运会开幕式中国代表团举旗手中国排球运动员朱婷和中国跆拳道运动员赵帅。事实上，该账号从2019年7月1日便

开始上线，上线当日发布了第一支短视频作品为“东京2020残奥会火炬”，2021年9月5日发布了最后一个作品，内容为“东京残奥会闭幕式”。该账号在运营期间，前期内容主要为2020年东京奥运会相关赛事周边产品的物料宣传，如火炬、吉祥物、竞技场馆、奖牌等，以及以介绍运动项目、著名运动员、奥运会的准备工作等为主的赛事相关故事片，其中介绍运动项目的内容，部分借助日本动画，在内容呈现上拥有一定的风格化特色和创新价值。受新冠疫情的影响，2020年东京奥运会推迟一年举办，因此前期的内容运营从2019年7月1日一直持续到2021年7月22日，期间官方账号一直发布倒计时的内容，从倒计时100天、90天、80天等到倒计时一个月再到最后10天。其中，在2021年7月3日发布了2008年北京奥运会开幕式精彩回顾的系列视频，共四集内容，旨在为账号积累流量。比赛举办期间，该账号的发布内容则转变为比赛日记录，以图片快闪的形式搭配激昂的背景音乐，记录每个比赛日的精彩瞬间。随着比赛日程的推进，“东京2020年奥运会”抖音账号由前期“倒计时”风格转变为比赛日第1天、第2天等，以官方设计的日历风格，搭配轻快明亮的背景音乐为视频形式，颇有设立赛事议程的意味。

微博官方账号“东京2020年残奥运会”微博账号的内容则以图文为主，该账号共发布2800条内容，其中视频内容有700余条，以赛事前期运营内容为主。与抖音平台不同的是，微博官方个账号的视频内容包括运动员采访、奥运火炬的传递、残奥会项目的动画介绍等。微博中的短视频内容记录了2020年东京奥运会传递圣火的全过程，分为不同天数的记录和最后精彩回顾。除此之外，其利用动画制作的运动项目介绍内容相较抖音平台更为丰富，形式更为多样，既有日本动漫人物的手绘元素，又有吉祥物“Miraitowa”的动画内容。比赛期间其短视频发布频率为平均每天2 ~ 3条，内容和抖音账号基本一致。二者的差异化方面体现在赛事开始前期，微博邀请中国明星制作了“打call”系列，提前为“2020年东京奥运会”话题引流。

1.2 持权平台方短视频特征：版权加持，内容为王

2020年东京奥运会的版权格局为中央电视台（以下简称“央视”）主导，咪咕、腾讯、快手参与，咪咕享有转播权，腾讯与快手均获得了视频点播与短视频

传播权利。然而这四家平台的传播内容和策略重点各有不同，央视作为老牌转播方，其新媒体平台央视频主攻转播解说赛事，奥运会期间其抖音账号则发布了有关教练员与运动员的独家采访，如对郎平、侯志慧、谌利军、杨倩、刘洋等的采访内容，以及运动员比赛训练的相关视频，如中国女排东京首训、中国女足全力备战等，还有央视主持人白岩松的赛事热点评论、金牌每日更新等议程内容。其相关账号“央视新闻”在2020年东京奥运会期间也积极进行着赛事相关内容的发布，其中包括观赛指南、回顾赛场的动情瞬间、独家采访等，除此之外，“央视新闻”抖音号还发布了央视主持人苗霖为观众讲解国际运动员背后的励志故事或动人瞬间的视频，如拉脱维亚运动员埃德加尔斯·克鲁明斯骨折上场勇夺男子三人篮球金牌、中国首位田径归化运动员郑妮娜力的成长故事等。总之，央视基于其专业上的优势和丰富的赛事资源，从新闻视角、解说视角、评论视角等方面，全方位为用户带来权威且积极的赛事短视频内容。

咪咕的发力重点首先体现在其小屏直播方面，其致力于打造新技术转播格局。“咪咕体育”在抖音平台也拥有自己的短视频账号，赛事开始前期的运营内容有“百集奥运金牌盘点”，共87集，总播放量达4411.1万；2020年东京奥运会期间的“奥运早新闻”合集，在每天早上七点，纵览奥运全资讯，共138集，总播放量达2947.8万；咪咕奥运频道的“海外头条精选”系列，共35集，总播放量为256万；2020年东京残奥会海外拍客合集，共18集，总播放量达156.5万。总之，咪咕在短视频平台，前期和中期都有差异化的内容创作，以盘点类为主。

作为腾讯的体育频道，腾讯体育的短视频内容主要发布在微信的视频号，其话题“#金牌时刻#”对2020年东京奥运会和残奥会所有的夺金瞬间都进行了盘点记录，其差异化的特征体现在对残奥会每个夺金瞬间的关注，补全了其他短视频平台所缺少的内容。另外，腾讯此次的发力点也在于开展了不同类型的衍生周边节目，如《星运电台》邀请知名演员播报奥运赛况、《赢战东京》每天连线奥运冠军直播奥运赛事，精彩生动地呈现前线内容与深度专业的赛事复盘，并将节目的精彩片段制作成短视频，在微信的视频号中传播。

快手既是赛事持权方，同时又是头部短视频平台之一，基于其平台自身的用户特点，快手在2020年东京奥运会期间生产了大量优质内容。其中既有邀请明星嘉宾录制的原创IP产品，也有网友自发制作的作品，为2020年东京奥运会带来了更高的关注度。在原创IP产品中，快手除了“24小时”不停联播持续放送奥运相关资讯外，也同时上线了3档自制IP节目，包括每天上午主打奥运资讯的《老铁！早上好》、每天晚上十点播出的自制综艺《奥运一年级》，以及期间不定时的插播与参加2020年东京奥运会运动员实时连线的《冠军来了》。上海、山东、江苏、天津、福建等地方体育频道，也都各自推出了与快手等新媒体平台合作联动的定制节目，形成了更广泛更具规模的奥运内容矩阵。2021年8月13日，快手大数据研究院发布的《2021快手体育数据报告》显示，2020年东京奥运会期间，快手平台奥运相关作品及话题视频总播放量达730亿次，端内总互动人次达60.6亿。

1.3 UGC（普通用户生成内容）类作品生产特征：制作门槛低，风格娱乐化

随着移动终端设备性能的更新，移动终端设备摄像与剪辑的功能愈发强大，使视频制作的门槛逐步降低，普通用户一直是短视频领域重要的生产传播主体。在2020年东京奥运会期间，短视频平台由普通用户生产的内容也不在少数。尽管抖音平台未取得2020年东京奥运会赛事版权授权，受版权的限制，用户对赛事的“二创”会有赛事视频的使用限制，但在避免侵权的情况下抖音用户仍然生产了不少的奥运赛事内容，在抖音平台搜索“#东京奥运会#”话题，点赞量较高的视频内容有搞笑短视频博主“战辉”发布的开幕式观后感，点赞量达175.7万；情感自媒体博主“一个人的莎士比亚”发布的“肖若腾是冠军”的内容，点赞量也高达92.9万，其对肖若腾的判罚争议进行了评论，受到了广大网友的认可。除此之外，2020年东京奥运会比赛中的各种争议现象，如日本体操运动员桥本大辉出界的脚，也成为当时的热门话题，被各大短视频平台用户恶搞模仿；又如对日本乒乓球运动员伊藤美诚的发球，各大短视频平台用户从穿着发型到妆容神态，也发起了模仿挑战，形成了全民娱乐的景象。快手方面，由于有2020年东京奥运会赛事短视频版权的支持，快手用户在“二创”方面的限制较小，在快手平台搜索“#东京奥运会#”话题，名叫“詹詹的homie”的用户发布的2020年东京奥运会中国夺冠的第一金到第九金的视频混剪，点赞量达222.6万；用户“詹姆斯高清剪辑”发布的对比2008年北京奥运会的内容，点赞量高达387.9万，不论是高燃内容还是与2008

年北京奥运会的对比内容，其热评均带有积极的较强的民族自豪属性。

另外，2020年东京奥运会期间讨论量最大的还有开幕式带来的争议，自开幕式播出后，不论是微信朋友圈还是微博抑或短视频平台，关于“#开幕式吓人片段#”“#开墓式#”“#阴间开墓式#”“#北野武评价开幕式#”等话题也成为当时的热门内容。

1.4 PGC（专业用户生成内容）类作品生产特征：主体多元，多维解读体育赛事

专业化的内容生产主体同样是2020年东京奥运会期间短视频生产的核心主体之一，在各大短视频中获得高关注度和高点赞的内容大多来自专业化生产主体的创作。此类主体主要包括传统媒体的短视频账号、专业运动员的短视频账号等，或者在视频内容的生产和传播上有着专业性积淀，或者对体育运动和赛事本身有着专业关注和解读能力的博主，多元化的主体从多个维度入手对2020年东京奥运会的赛事进行短视频的内容生产和传播，成为整体传播生态中的重要组成部分。

如今体育内容的另一大竞争核心，便是PGC类作品在顶级赛事IP上展开的流量和用户争夺。在抖音平台搜索“东京奥运会”，点赞量排名前三名的全部是传统媒体发布的内容，第一名的账号为珠江之声FM105.7，其发布的“郭晶晶现场追星跳水梦之队”点赞量达638万，评论量11万，该视频搭配当时抖音最火的配乐——李玉刚的《万疆》，颇具民族风格与爱国情怀，击中了奥运会传播过程中短视频平台用户的普遍社会心理，符合当时短视频的传播特点。排名第二的则为《人民日报》抖音官方账号发布的“中国代表团等待2020年东京奥运会开幕式入场”的内容，竖屏拍摄风格加运动员统一的着装、自然的状态，赢得了用户401.7万的点赞，评论量高达16.4万，评论以祈祷运动员平安归来、做好防护等为主要内容。

传统媒体在短视频平台发布的内容，以高燃动情的混剪为主，巧妙利用背景音乐卡点、高燃动情画面等的剪辑效果，达到共情传播的目的。以《人民日报》抖音官方账号为例，其在2020年东京奥运会期间共发布5个共情类短视频，均取得了显著的传播效果。人民日报社体育部官方微博“人民日报体育”在2020年东京奥运会期间的发布频率更高，关于2020年东京奥运会的内容达100多个，其中

“奥运面对面”的合集内容共99集，播放量达1.3亿；“记者奥运点评”合集共36集，播放量达2666.8万，该内容的特别之处在于人民日报记者基于专业深度的视角，在赛事前方发来评论，中肯又共情的点评，赢得了网友的一致好评。

运动员方面，其内容以展示运动员在赛事之外的另一面为主。2020年东京奥运会开幕前期，参加奥运会的多数中国运动员在抖音平台发布了“#中国选手申请出战#”的短视频内容，结合自身的运动项目，搭配统一的背景音乐做自我介绍，这次奥运赛事运动员层面的短视频内容运营上的统一策划，取得了不俗的效果。而在比赛结束后，杨舒予、巩立姣等运动员相继发布了Vlog（视频日志），拉近了运动员与用户之间的距离。运动员通过赛场上的个人魅力和短视频中呈现的日常训练，让用户与粉丝更深入地了解了运动员背后的努力与勇气，并展现了运动项目的魅力，或主动或被动地推动了赛事和体育运动本身的传播。

在自媒体方面，科普类、评论类、解说类等内容相较UGC类作品而言更具专业性和权威性，不论是体育领域的自媒体博主还是其他领域想借2020年东京奥运会热度吸引人们眼球的自媒体博主，其在内容创作上均多元地展示了不同维度的内容。例如，在篮球项目中，有自媒体博主对美国篮球队等实力球队参赛运动员的特征进行分析、对2020年东京奥运会新加入的项目“三人篮球”的规则进行科普、对男子篮球队总决赛的精彩瞬间进行混剪、对中国女子篮球队赛况特征进行分析、对NBA明星球员在2020年东京奥运会上的表现进行评论、对中国女子篮球队三人篮球队获得铜牌的高燃瞬间进行混剪等，各种类型的内容共同建构起对2020年东京奥运会篮球赛事的多元分析。

2　2020年东京奥运会短视频内容文本创作特征

2.1　赛事集锦类：高燃化剪辑，视听元素突破

赛事集锦类短视频内容的特点是短小精悍，但又能在短暂的几十秒时间内让人热血沸腾，具有如此调动情绪的作用，离不开视听元素和剪辑手法的巧妙利用。《人民日报》抖音官方账号发布的关于苏炳添的记录视频，通过比赛高燃回顾及独家采访，展现了苏炳添在2020年东京奥运会上取得的成绩具有的重要地位，并激

发了国人的自豪感。新华通讯社抖音官方账号发布的“【超燃混剪】中国军团38金东京奥运圆满收官”的内容，从首金杨倩夺冠开始，按时间顺序依次排序，每位冠军以比赛视频加夺冠图片再加黑色转场字幕的形式，配合字幕声音与音效，卡点搭配快闪，突出短视频的节奏感；分屏剪辑特效，展现了冠军夺冠时刻的多面特征，色彩转变搭配卡点快闪，使运动员形象更立体鲜明；赛事经典画面转场，搭配全景、切特写、切中景等镜头转换，展现了夺冠项目的动态之美。热门评论表示“太燃了！！！这就是中华体育精神！”。

2.2 赛事科普类：精细化创作，拓展垂直领域

奥运会作为世界范围内的盛会型赛事，在我国具有广泛的受众基础，因此奥运会所具备的天然热度是各大平台和主体都不想错失的机遇。在2020年东京奥运会期间，不论是体育领域的自媒体博主还是科普类的自媒体博主，都在根据自身的定位生产与奥运会有关的垂类内容。基于此，PGC类作品的精细化分类形成，从而实现各自垂类领域的专业化内容创作。例如，抖音科普类博主“奇客Solidot”就在2020年东京奥运会期间发布了“奥运专辑”共25集，以博主出镜加字幕的形式，专门解锁奥运背后的黑科技，如奥运会有多少项目的科普、奥林匹克圣火是如何点燃的、奥运电子射击靶有什么特别，以及泳衣黑科技等知识类内容；运动健身类的体育自媒体博主“瑟瑟跑步”发布关于2020年东京奥运会马拉松项目的知识科普；博主“体育在读生”则在2020年东京奥运会期间发布了各种关于奥运会历史与冷知识的内容，每集共分为上中下三个部分，如“史上最无耻的黑哨，打不垮的中国姑娘完成复仇”讲述了跆拳道运动员郑姝音运动生涯的坎坷与反转，诸如此类内容不仅向用户展示了运动员运动生涯的波折，也借此传递了体育精神的魅力。

2.3 赛事新闻类：共情化叙事，延伸聚合类信息

随着短视频平台的兴起，短视频新闻越来越普遍，已成为人们日常获取信息的主要方式之一，赛事类新闻便是基于短视频新闻的叙事特点，在内容上进行了延伸与聚合。首先，短视频新闻叙事结构简单、信息呈现碎片化特征，因此在

2020年东京奥运会期间，主流媒体发布的新闻都在有效整合其碎片化内容，或者呈现其中的一个片段细节并进行加深印象的处理，其中最有效的方式就是引起用户的情感共鸣。短视频新闻的特征还包括语态上的亲民化，即更具“网感”，相比于传统新闻中严肃、官方的姿态，短视频新闻中融入了一些网络流行语，文案中也多采用疑问句引导用户在评论区进行互动，更能带动用户的情绪。赛事新闻类也是如此，体育拥有一种精神力量的属性，因此用户很容易沉浸在紧张刺激的竞技氛围中，再加之赛事类新闻的共情传播效果，很容易激发用户在情绪上的二次高潮。例如，《人民日报》抖音官方账号发布的奥运版《错位时空》，内容就聚合了1932年中国人第一次参加奥运会、1984年中国运动员首次夺金，以及1984年之后每届奥运会的精彩时刻与2022年东京奥运会的夺冠瞬间的所有内容，延伸了奥林匹克精神的时空含义，其点赞量达246.1万，搭配共青团中央创作的歌曲《五四特别版错位时空》，歌词中“我仰望你看过的星空，穿过百年时空再相逢”成功契合了视频主题，与时间主线的搭配体现了我国百年以来在体育事业上的自立自强，在激发用户情绪的同时，传播了体育文化的要义。

2.4　赛事微综艺：各赛道蓄力，制作差异化衍生内容

赛事微综艺是指针对体育赛事制作的衍生类内容产品，作为赛事传播的一种补充内容而存在，核心内容可涉及赛事背景类、人物类、评论类等，目的是丰富用户对体育项目及赛事的认识，时长较短，符合当下受众视频阅读的习惯。在2020年东京奥运会期间，各大视频平台也在不同类型内容的赛道上蓄力，制作差异化的节目以适配当下的用户需求。

在快手各档自制节目中，《冠军来了》《大话奥运》《老铁！早上好》《奥运一年级》各自发力，《冠军来了》聚焦运动员赛后访谈，讲述夺金背后的故事，邀请了赵帅、马龙、许昕、樊振东等运动员；《大话奥运》由体育主持人、奥运冠军、运动KOL（关键意见领袖）进行线上连麦，一起讨论奥运赛事；《老铁！早上好》由谢楠、张绍刚等名嘴做客，一起犀利点评奥运事件；《奥运一年级》采用模拟课堂的形式，由李响、黄健翔担任班主任和指导员，鲍春来、丁俊晖、秦凯等知名运动员出任导师，带领明星和网络达人等展开奥运课程互动。数据显示，四大

独家节目内容总播放量达24.7亿，节目端外热搜达81个，节目端外总曝光达62.5亿次。

腾讯体育在衍生节目的打造上可谓蓄力最强，在2020年东京奥运会前中后期其制作了超过40档的原创视频节目，旨在丰满奥运传播的内容，为用户提供更个性化的选择，满足不同用户的内容消费特征。其中，《赢战东京》是一档资讯类的节目，而《我家有冠军》则是家庭做客节目，其主要讲述运动员在赛场之外的生活中的另一面，节目先后邀请了侯志慧、杨舒予等众多体育明星作为嘉宾，意在通过动人的体育故事打动观众。《环环环环环》作为体育脱口秀节目，邀请了著名脱口秀演员庞博作为主持人，李小鹏、丁宁等奥运冠军作为嘉宾，在调侃的聊天氛围中解说、评析体育赛事内容。《奥次元播报》则针对喜爱“二次元”的用户，联动5大国漫IP唐三、魏无羡、罗峰、冯宝宝、涂山苏苏共同打造了一个“二次元”解说天团。不论是赛事还是资讯、花絮，多元的节目内容一直是腾讯持久的发力点。

微博在节目制作方面也呈现了相对差异化的内容战略，在纪实类、真人秀、脱口秀等多元类型中蓄力，其“微综艺”内容短小精悍、节奏性强、辨识度高，如《明星一招鲜》节目侧重于体育明星的技能秀，每期聚焦的体育项目都会邀请顶尖体育明星来展现专业技能，花式介绍体育专业知识；《荣耀之路》则是播放由导演王小帅打造的冠军人物的电影短片，以纪录片的手法呈现冠军形象。

3　2020年东京奥运会短视频传播效果分析

3.1　多元主体共同生产，碎片化传递共享价值

短视频的出现打破了专业的新闻人与新闻媒体在视频制作上的独占权，使内容生产传播的权力转移成为可能。随着移动终端设备性能的提高，视频拍摄、剪辑等功能变得越来越强大，简单便捷的制作降低了视频制作的难度，也为用户随时随地进行视频的拍摄制作提供了可能。

快手在UGC类作品方面的优势体现得比较明显，在拿下2020年东京奥运会、CBA、斯诺克等顶级赛事IP的短视频版权后，快手一直在积极借助这些赛事版权

权益发力“二创”，通过各种方式鼓励并帮助用户加深对体育内容的创作和讨论。从用户黏性、内容质量等方面来看，快手在体育内容上进行了充分的探索。在快手平台搜索“东京奥运会”，出现的聚焦和衍生话题非常丰富，包括东京奥运会开幕式、东京奥运会乒乓球、东京奥运会夺冠瞬间家长的反应、东京奥运会官方、东京奥运会夺冠瞬间等；而在抖音平台搜索“东京奥运会”，出现的相关话题则包括东京奥运会开幕式、东京奥运会足球冠军、东京奥运会开幕式吓人片段、东京奥运会主题曲、东京奥运会女排等。由此可见，同样作为短视频平台，快手和抖音生产的内容和传播的向度在整体上也存在着一些差异，这本质上是由各平台不同的用户特性所决定的，这些差异体现在平台上不同的内容生产主体在进行短视频内容生产的时候所采取的不同侧重点和策略上。在这一过程中可以确定的是，各大短视频平台共同的目标都是借助2020年东京奥运会这一赛事本身的热度来提升平台热度，并满足平台用户的需求。

多元化的短视频内容生产主体通过对2020年东京奥运会上我国运动健儿所取得的成绩进行宣传，能够从不同方位展现我国的体育实力和所建构起来的国家形象，由此形成国人的身份认同感与归属感。这些都作为共享价值，在碎片化的传播过程中逐渐被建构起来，无论是从点赞量还是从评论的内容来看，短视频平台在价值共享上的效果都较为显著。在多元主体集体共同生产价值内容时，用户的集体记忆就在碎片化的过程中被共享式地建立了起来。

3.2 双重渠道“强弱”扩散，提升赛事传播时效性

受信息传播所呈现的社交化、碎片化、视频化趋势的影响，抖音、快手这样的头部短视频平台，整体呈现时效性强、内容丰富、用户关注讨论度高的特点，其中运动员在比赛之外的幕后故事和花絮等赛场外围内容，也因其活泼娱乐的特性与短视频平台的社交属性相契合，满足了观众对赛事细节、赛事故事等内容的需求。美国学者埃弗雷特·M. 罗杰斯提出的创新与扩散理论认为，大众传播在获知阶段相对来说更为重要，而人际传播则在劝服阶段更为有力，两者的结合是最有效的途径。在短视频扩散的开始阶段，用户主要通过大众传播渠道，如用户首

先通过央视或咪咕转播的赛事直播得知比赛的过程与结果，然后在抖音、快手等短视频平台的热搜中得知比赛期间的热点信息，然后在抖音、快手等短视频平台内将内容分享给好友，在平台内部通过人际传播达到说服效果，即达成体育赛事的传播效果。微信视频号也是兼备社交属性与短视频属性的重要平台，微信视频号既可以通过朋友圈、好友之间的转发，达成奥运流量的私域传播，也可以通过直播的方式在朋友圈的关系链中传达。在当下，越来越多的运动员与体育达人等会选择在短视频平台与粉丝互动，便捷地对外传递奥运理念、奥运第一线的消息，这些互动也强化了平台与用户之间的黏性。

3.3 “补偿性媒介”叙事，助力凝聚民族信念感

美国学者保罗·莱文森在他的著作《数字麦克卢汉》中提到了“补偿性媒介理论”，该理论认为，人们之所以选择后生媒介，是对先前的某种媒介先天功能不足的一种补偿，是一种补救的措施。与文字、图像等传播形式相比，短视频融入了视听元素、互动元素、UGC元素等多种要素，能够从视觉、听觉、感觉等多个方面提升内容的感染力，提高用户的参与度和互动感，迎合用户的多元化需求，有效弥补了原有社交软件和视听媒体的部分不足。利用短视频补充的元素，可以在一定程度上补充赛事直播中所缺少的叙事维度，在赛事直播过程中，沉浸式的竞技体育氛围可以算作用户的第一次情绪高潮，而在赛后的二次传播过程中，用户能更好地沉淀下来思考赛事背后的意义，这也是短视频发挥的作用。感官刺激带来的情绪二次高潮可以帮助用户增强对国家形象的认识，从而构建身份认同感，每个人身份认同感的叠加可以最终凝聚成民族信念感，有助于整个民族在精神层面上的团结。奥运会作为全球性的媒介事件，在构建国家形象、形成集体记忆、增强民族凝聚力等方面有着重要的意义，因此“补偿性媒介”叙事方式搭配奥运会的赛事内容，是增强民族自信的有力途径之一。

4　2020年东京奥运会短视频创作中的问题

4.1　版权之困，维权困难成本较高

2021年7月20日，《中央广播电视总台关于第32届夏季奥林匹克运动会版权保护的声明》中特别强调：除已获授权的机构，未经总台总经理室书面许可，任何机构和个人都不得在中国大陆地区（含澳门）通过电视、广播、互联网、移动通讯网、IPTV、互联网电视、移动媒体电视、各类应用软件及其他任何音视频转播技术或平台以直播、延迟播出、点播、轮播、回看、下载或剧场院线播放、公共场所播放及其他任何方式使用2020年东京奥运会的音视频节目内容、广播电视信号或任何相关素材，或从事其他利用、搭借2020年东京奥运会的行为。根据中央广播电视总台与国际奥委会签订的媒体合作协议，总台必须承担依法保护奥运版权的法律义务。监测数据显示，截至2021年8月8日，个别重点商业网站的累计侵权链接近60000条，有的重点商业网站在48小时或72小时后才下线侵权链接，24小时下线率不足50%。中央广播电视总台总经理室已经对各类侵权活动展开调查取证，涉嫌侵权案件已进入司法程序，中央广播电视总台联合各方加大维权力度，依法严肃追究相关主体的法律责任。

版权问题是短视频内容生产和传播过程中绕不开的话题，特别是对于赛事的短视频传播来说，赛事版权更是决定平台内容制作、传播和运营模式的根基。短视频领域的版权监管力度越来越大，但由于奥运赛事本身的强大热度，以UGC类作品为主体的短视频平台如何加大监管力度，强化用户的版权意识，减少因版权带来的各种边际成本的增加，是在体育赛事短视频传播过程中需要考虑的问题。

4.2　内容同质，带来用户审美疲劳

在信息爆炸时代，互联网去中心化以及多元化的特征使用户完成了美国未来学家阿尔文·托夫勒在《第三次浪潮》中所提出的“产消者”身份的转变，每一名用户都有可能是生产者、传播者，内容生产主体呈现前所未有的多元化格局。无论是UGC类作品还是PGC类作品，其生产内容新的套路化和同质化特点都在阻碍创新，但正如“传播学之父”威尔伯·施拉姆所说，“受众参与传播就如同在自

助餐厅用餐，每个人根据个人口味和当天的食欲来挑选菜品”。然而，在2020年东京奥运会期间，各大短视频平台上对于热点的追逐大多在生产着同质化的内容，热门的背景音乐被重复使用，且配备的画面内容几乎一致，内容和形式“千篇一律”。随着用户个性化、多元化需求的日益增长，“千篇一律”、“千人一面”、缺乏特色的短视频内容难以出彩。

对于新媒体平台来说，如何对碎片化视频进行深加工、如何建立社会协作机制是提升短视频生产能力的关键。否则，过度同质化的视频环境将迅速消耗用户的耐心，使用户在观感上更易疲惫，尤其像奥运会这样的话题内容，过度地同质生产爱国主义、民族主义的内容，有时效果会适得其反，造成群体极化，不利于社会的整合。

5 结语

2020年东京奥运会无疑是奥林匹克运动会历史上具有重要意义的一届，为了更好地应对后疫情时代，国际奥委会主席托马斯·巴赫提议在奥林匹克格言中加入“更团结”，时代所经历的苦难将会作为节点被后人铭记。2020年东京奥运会举办于中国短视频不断兴起的媒介环境之下，此媒介环境对其赛事传播的模式和路径的塑造产生了重要影响。在短视频创作的主体方面，不同的主体在其中扮演着不同的角色，东京奥组委官方短视频颇具设立赛事议程的特征；持权平台方背靠版权资源，输出原创衍生作品，以内容为王；UGC类作品创作门槛低，呈现出全民娱乐化的景观；PGC主体相对较为多元，可从多元维度和专业角度传播体育赛事。在2020年东京奥运会短视频的内容方面，不同类别的短视频也在文本呈现上有着不同的方式和特征。赛事集锦类短视频，凭借高燃化的剪辑风格，在视听元素上创新，书写了我国运动员奋力拼搏的动人瞬间；赛事科普类短视频，其创作特征相对精细化，为相关垂类赛事项目转播做出了良好的铺垫；赛事新闻类短视频，叙事风格共情化，在内容上进行了延伸与聚合；赛事微综艺方面，各个平台各种类型分别蓄力，生产差异化内容满足了用户的多元化需求。在传播效果方面，在形成集体记忆、提升赛事传播时效性、构建国家形象凝聚民族信念感方面，短视频也发挥了独有的贡献。然而在短视频传播实践背后，版权之困、内容同质的问题也是行业与平台之间亟待重视和解决的问题。

◎ 参考文献：

[1] 保罗·莱文森. 数字麦克卢汉[M]. 何道宽，译. 北京：社会科学文献出版社，2001.

[2] 丹尼尔·戴扬，伊莱休·卡茨. 媒介事件：对历史的现场转播[M]. 麻争旗，译. 北京：北京广播学院出版社，2000.

[3] 张步中，刘常毅. 抖音短视频App中的传统文化传播策略探究[J]. 视听界，2019（5）：51–55.

作者贡献声明

张昊若：文献资料整理收集、论文写作。

罗姣姣：确定选题、规划修改写作提纲、论文修改。

新媒体视域下网络体育解说员的关系劳动研究*

金威成，裴相荣

（武汉体育学院，湖北 武汉 430079）

◎ 作者简介

金威成：武汉体育学院硕士研究生。研究方向：体育传播学。

裴相荣：武汉体育学院硕士研究生。研究方向：国际传播。

摘　要：本文依托关系劳动理论的体系建构，采用文献资料法、案例分析法等研究方法，从新媒体平台与受众两个层面对网络体育解说员的发展现状、行为逻辑、潜在趋势进行分析，进一步探究网络体育解说员的潜在价值和与受众的联系，并重新审视其在体育传播领域的地位。继而，在新媒体视域下，持续推进网络体育解说员行业的发展，挖掘新兴人才，使网络体育解说员更加合理科学地抓住时代风向，建立个人品牌形象，拓宽解说渠道，与受众相联系，双向互动，双向获利。

关键词：网络体育解说员；关系劳动；新媒体；受众

* 基金项目：国家社科基金重大项目“新时代体育全媒体传播格局构建研究”（课题编号：21&ZD345）阶段性成果。

作为一项与受众有着直接关联的工作，体育赛事直播中的体育解说员在社交媒体平台中是作为信息的传播者，以体育赛事为根基与受众建立联系的。在此过程中，受众可以从体育解说员对比赛的描述中得到有意义或值得留念的比赛信息、内容，时时刻刻知悉运动场上的局势变化，了解场外花边新闻等。体育解说员需要对比赛情况进行编码与解码，以叙事传播的方式将比赛情况反馈给受众。因此，体育解说员的价值需要得到受众的认可与反馈，体育解说员与受众建立良好的联系能推动平台流量的增长，提升赛事宣传效果。

1 体育解说与关系劳动起源

1.1 体育解说

我国体育解说的开端要追溯到20世纪50年代，苏联男子篮球队造访上海，在卢湾体育馆与中国男子篮球队进行篮球友谊赛，比赛解说由播音员张之和演员陈述搭档完成，张之成为第一位“摸着石头过河”的体育解说员。随后由张之培养的“传奇”解说员宋世雄正式打开了我国体育解说行业的大门。1981年女排世界杯、1982年西班牙足球世界杯的解说工作都由宋世雄承担，当时的传播手段以广播为主，无实质图文画像，其“描述性解说”成为当时的主流：“德国队5号上前拼抢将球传给7号，7号传给9号，9号射门，球进了！”宋世雄广播时代之后，电视媒体成为主流，韩乔生、孙正平等新一批体育解说员登上荧幕。依托电视转播技术的发展，人们通过电视观看赛事并聆听解说，这一批解说员在“描述性解说”的基础上增加了故事性与趣味性，韩乔生的“大嘴”解说也成为人们茶余饭后的谈资。随着国际主流联赛在央视的转播，我国涌现出更多优秀的解说员，并出现了解说员+评论员的解说阵容，刘建宏、黄健翔、杨健、徐济成、张卫平等解说员与体育界和媒体界的专业人士搭档解说打开了体育解说行业的新格局。随着网络新媒体技术的发展，全媒体时代的到来使体育解说进入3.0时代，各大主流新媒体平台纷纷推出体育板块，抢购体育赛事版权，聚集兼备实力与自带流量的解说员，拓宽体育解说新形式，“群体式解说”“辩论式解说”“专场类解说”成为现实，解说员+评论员+女主播的新阵容让人眼前一亮。结合新媒体特性，增加互动环节，以受众为中心成为当今体育解说的新形势。

1.2 关系劳动

关系劳动的概念也是随着互联网及新媒体的发展而来的，南希·K. 拜厄姆最先提出关系劳动这一概念。他发现在网络社交平台上，越来越多的音乐人愈发积极地与粉丝进行互动联系，粉丝也极其渴望与他们进行持续不断的接触。拜厄姆对北欧音乐人进行了为期几年的跟踪调查，对其中40位音乐人进行了采访，发现这些音乐人会定期地、持续地与粉丝进行互动，以此建立一定的联系，达成一种社会关系，带动其人气与流量，随之获取更高额的报酬。在此之后，拜厄姆认为“关系”一词强调不止一次地与他人建立接触联系，即关系劳动有别于传统的情感劳动，不再仅仅依靠情感与思想上的交流来完成某事项或任务，而是抱有一定的经济目的，以获得更可观的经济收益，在可发展的相应平台与受众达成联系，对所完成或正在发展的事项、任务或职业内容进行实质性的回报。

国内对关系劳动的研究处在萌芽阶段，相关文献较少，且共同特点为研究对象是网络自媒体，以网络自媒体博主与粉丝群体在社交媒体或新媒体平台上的关系为研究背景，其中不乏研究者进行参与式观察，将问卷调查或面对面采访纳入调研过程。另外，还有研究者通过文献资料法与逻辑分析法将关系劳动这一新颖概念引入网络主播行业。例如，董晨宇等基于12个月的数码民族志对网络秀场女主播与观众进行研究，将“关系劳动”与“平台化”理论相结合，分析网络秀场女主播的工作实践逻辑，从自身定位、专业话术、客户维护、受众分级、边界区分等方面，采取多种行动策略与直播间内外的观众建立经济关系与亲密关系，将关系劳动概念进一步细化、定位及运用。张延宛从网络内容生产者的角度进行分析，认为关系劳动可以从经济、心理和情感方面带给内容生产者优质反馈，但也会加剧工作负担而使劳动主体异化。

综上所述，笔者认为关系劳动是劳动者与受众建立持续、长久、稳定的往来互利的双向联系，其中包含情感、思想、经济的交流，以情感为基础，以经济利益为实质。换句话说，关系劳动就是劳动者在社交媒体平台中传播相关领域的信息、见解，科普相关领域的知识及文化，与受众进行交流互动，形成特定的关系网，从而提高自身曝光量，以吸引更多受众，拓展流量通道，争取更大利益。据此，本文旨在将关系劳动与网络体育解说员联系起来，在新媒体视域下对网络体育解说员与平台的深度连接，以及与受众的多维连接进行研究，并对其所遭遇的困境进行分析，寻求更优化的解决路径。

2 与平台的深度连接：网络体育解说员的新样态

新媒体平台是将不同用户群体连接在一起的中间媒介，为用户提供基础服务与帮助，让个体有充分的拓展机遇，展现自我价值与社会价值的“中介平台”。而出现在新媒体平台上的体育解说员，则是新媒体环境下传统电视体育解说行业的新样态。鉴于新媒体平台的联动性、开放性和包容性，受众在新媒体平台上可通过多方渠道发表自己的意见，与网络体育解说员进行实时交流互动。因此，网络体育解说员需要注意到受众时刻变化的热议点，完善整场比赛的解说架构，控制解说过程中出现的一些不稳定因素，如受众的激情语言、解说员自身的情绪变化等。

2.1 网络体育解说员与受众的交互性

新媒体时代的到来改变了网络环境的发展与运作模式，最突出的优势在于信息的交互性和快速流动性，这使网络体育解说员不得不关注受众的实时热评。在转播体育赛事的过程中，处身现场的体育解说员要重视受众的观赛感受，将受众视为比赛的一部分。体育解说员一方面需要留意赛场的瞬息万变，另一方面要注意现场受众营造出来的观赛氛围，尤其是一些重点场次或是备受瞩目的比赛，现场受众带来的场外因素足以影响比赛中的运动员。对于互联网赛道，新媒体平台的网络体育解说员更要兼顾赛场动态以及受众的反应，虽然他们与受众存在物理隔阂，但是就观赛层面而言，网络体育解说员与受众均在线上平台汇聚。新媒体平台开辟了全新的比赛场地，网络体育解说员打响了比赛信息传播的“第一枪”，受众也可以在比赛中通过直播间评论区以弹幕的形式发表自己对比赛的观点和看法，且受众多是以比赛某一瞬间的视角展开讨论的，这与解说员对比赛的解读十分相似。

网络体育解说员的临场解说与受众的观点碰撞形成了新媒体环境下特有的关系连接，网络体育解说员的专业视角与受众的观众视角相联系，将比赛中画面、动作传递出的信息进行描述分析，以呈现比赛最好的样态。这也对网络体育解说员提出了要求，网络体育解说员应满足受众的心理预期，并尽可能地保持中立。

2.2 网络平台争夺赛事转播权与解说阵容

近年来随着体育赛事市场化发展，体育产业高速发展，体育解说在社会休闲娱乐中占据了极其重要的地位。传统的电视体育行业受到了新媒体体育传播行业极大的冲击，作为体育传媒行业龙头的中央电视台体育频道（CCTV-5）也受到了挑战，多家网络体育媒体，如腾讯体育、咪咕体育、爱奇艺体育等都加大资本投入，购入世界范围内多项高水平赛事的直播版权，如腾讯体育2019年与美国职业篮球联赛（NBA）签下5年15亿的长约，爱奇艺体育获得2022—2023赛季意大利足球甲级联赛转播权，咪咕体育相继拿下2020年东京奥运会、2020年欧洲足球锦标赛、2022年北京冬奥会、2022年杭州亚运会等大型赛事的转播权，将网络体育赛事转播推向了新高度，新媒体平台成为体育赛事转播的主流，也随之迎来了体育解说行业的大变革。

刘建宏、贺炜、杨健、申方剑等这类粉丝基础深厚的体育解说员最先出自央视，但如今，这些有着央视背景的体育解说员已踏上新的工作岗位。足球解说员刘建宏最先离开央视，随后杨健、申方剑等人相继离开，使央视体育解说团队实力大打折扣。同时强势崛起的新媒体平台精准地抓住时机，把握央视人才流失带来的机会，将本身自带流量的体育解说员纳入麾下，以大量的体育赛事转播权为基础，优秀的体育解说员为辅助，累积受众，以保障体育赛事转播的收视率与下载量。

在篮球赛事转播方面，拿下NBA版权的腾讯体育招募了篮球媒体人杨毅、苏群、王猛等，并拓展嘉宾维度，王仕鹏、朱芳雨、马健等多位中国篮坛球星也加入解说行列，说明网络体育解说赛道的竞争越发激烈，发展势头越发迅猛。咪咕体育在大赛的转播中不断创新解说阵容，如增加媒体人与运动员的组合、运动员与运动员的组合、媒体人与媒体人的组合等解说形式。在2023年篮球世界杯与2022年杭州亚运会的转播中，退役篮球运动员、南京同曦篮球俱乐部前总经理霍楠被置于解说位并配置解说嘉宾，杜锋、杨鸣、李根、孙悦等均成为其搭档，形成了“运动员+运动员”的新组合。

2.3 网络平台中更加轻松自由的解说环境

体育解说行业是一个更新换代较慢，建立在群众基础之上的服务性行业，服务对象为体育爱好者。21世纪初，央视掌握着几乎所有的体育赛事资源，其他赛事频道需要靠着央视的扶持及分流才能分到极少数的赛事资源。而新媒体平台的崛起打破了传统电视媒体掌控全局的壁垒，新媒体平台更加轻松自由，服装、言语不受条条框框束缚，且网络体育解说员与受众可以有更多接触，从而带来更多流量。例如，在新媒体平台中，解说员会换上比赛球衣、队服来完成解说，而在电视转播中则更多地以正装出现。新媒体平台的体育节目如《有球必应》《这球怎么说》等均采用主持人与嘉宾（网络红人、篮球记者、解说员）连线的形式，以唇枪舌剑、观点碰撞，甚至出现急红眼的场面烘托节目气氛，制造出许多热点话题，其与受众在论点、思想上达成联动，并且在直播间、垂直类体育传媒类App的讨论区里形成新的舆论点。

咪咕体育在转播2023年篮球世界杯期间推出了相关话题节目《鏖战世界杯》，嘉宾霍楠与网络体育解说员徐静雨连线，以“谁该担任中国男篮主教练”为话题展开辩论，最终因言辞激烈、观点尖锐冲上热搜，形成巨大的舆论分歧，霍楠与徐静雨也被推上了网络舆论的风口浪尖。

传统电视体育传媒业正襟危坐的解说风格与受众的心理预期产生了分歧。在当前快节奏的高压生活之下，人们通过观看体育比赛来释放压力，从中得到更多的刺激感与新鲜感，因此新媒体平台需要更多的话题来引流，使受众参与网络社群的讨论，开辟赛场之外新的舆论场。这就要求网络体育解说员拥有更多的解说风格，频出金句，拓展思维，制造热点。不受约束的解说风格是网络体育解说员与受众交流互动的形式之一，能为解说员自身与平台带来流量，吸引更多的关注。杨毅、柯凡、王猛、徐静雨等这类极具代表性的网络体育解说员证明了这一点。

3 与受众的多维连接：网络体育解说员的新思维

网络信息时代，社会中的个体通过新媒体平台媒介传播信息、与外界保持通信联动，信息不再只是单向传递，更强调参与互动，重视受众体验，拓宽社交功能，这意味着我们已经进入全新的社交媒体时代。其中，一些知名的网络体育解说员已经逐渐成为领域内的“关键意见领袖”（KOL），在抖音、快手、B站等平台成为流量担当。在虎扑、懂球帝等这类体育类垂直社区，关于老派体育解说员与新派体育解说员谁更适合这个时代的讨论也从来没有停止。

3.1 专业为王：社交平台的体育明星

热点话题、曝光量、广告赞助、获取利益——如何破解互联网流量密码是“进军”新媒体的体育解说员需要考虑的事情。实现了人、事、物三者之间的联动，三者关系越紧密，发展速度就越快。基于大数据与平台算法，其内部逻辑推动许多网络体育解说员开通了个人私有账号，在大流量平台转做体育博主，用来建立和维护与受众之间的联系，他们依靠流量平台的大数据把控，平衡着体育传媒工作与维系受众的关系劳动状况。许多知名的网络体育解说员及时地把握住平台运作逻辑，成为受众认可并且带有话题的内容生产者，从而适时合理地将自身产值转换成经济利益。基于抖音平台的数据（数据统计截至2023年11月1日），CCTV-5曾经的篮球、田径专项解说员，现咪咕视频的体育解说员杨健的个人抖音账号——杨健的球世界，粉丝数量达到88.3万，其抖音以分析比赛战果与预测比赛走向为主，也开设直播参与带货；足球解说员黄健翔的抖音账号粉丝数量达到363.2万，主页内容以宣传、分析和科普体育赛事为主，并已开通抖音电商；足球解说员王涛担任国际足球联合会（FIFA）、实况游戏中文解说，其抖音账号粉丝数量为612.6万，其以独特的配音闻名，在他的抖音界面可以看到与很多球星的来往视频，其抖音店铺以出售球星签名球衣为主。

在2022年北京冬奥会期间，登上微博热搜的除了为祖国争光、夺金拿银的运动健儿外，还有一位专业运动员出身的解说员王濛，这位破圈而来的专业解说嘉宾激情幽默、一炮走红，甚至超过了解说搭档黄健翔的风头，让网友不禁感叹“第一次见到黄健翔也有轻声细语、没地儿插嘴的时候”。在此期间，王濛连续七次登上微博热搜，成为2022年北京冬奥会期间的“流量王者”之一，“我的眼睛就是尺”“你永远可以相信中国短道速滑队”“每秒都逃不过我的法眼”等金句频出，不假思索的解说风格加上拍案叫绝的肢体动作，让受众时常将视角转移到解说员身上。王濛在专业解说嘉宾与粉丝之间不断转变身份，这使得受众对于王濛的解说期待激增，甚至一部分受众开始研究咪咕的解说安排，从而使王濛的解说场次的观看量达到巅峰，咪咕视频也借此机会推出王濛相关周边产品。

由此观之，很多网络体育解说员都会运用专业所长，在抖音、快手等新媒体平台进行所属领域的大众传播，带动受众在直播间或评论区各抒己见，且作为“流量明星”的网络体育解说员能够生产有爆点和有价值的内容来吸引受众，在宣传赛事的同时更好地提升个人知名度，此外开设商品橱窗，也可以实现流量变现。这也验证了相比于传统媒体的体育解说员，网络体育解说员对于关系劳动有着更强的依赖性，其不仅建立在情感意识之上，也体现在物质经济利益之上。

3.2　流量当道：草根主播的破圈之路

在新媒体语境下，传统媒体不再一家独大，人人都可成为传播者。在网络体育解说圈里，徐静雨逐渐出现在受众的视野里，极具张扬、搞笑夸张的解说风格使他迅速走红。徐静雨凭借对网络平台精准的把控，及时抓住流量与热点，走入腾讯体育NBA的直播间，并与杨毅、王猛等人同台解说，这是一场典型的逆袭之战。

2021—2022赛季NBA季后赛转播期间，对于徐静雨解说风格的质疑声开始增加，其中不乏一些主流平台的体育媒体人对其球迷式的非专业解说风格大为不满。徐静雨最初在B站开设直播，以主播的形式讲解个人对NBA的看法，并且回答粉丝问题，他的“主战场”在自媒体平台，自负盈亏，这种工作形式和主流的新媒体平台解说没有利益冲突。但在百视TV拿下2021—2022赛季NBA转播权，并选择签下徐静雨来解说NBA后，徐静雨便真正从网络体育主播跨入到网络体育解说行业，并且带动了其在B站积累的粉丝进入百视TV的NBA直播间。根据直播数据，在NBA凯尔特人队对阵雄鹿队的季后赛中，百视TV刚一开播人气就达到200万，峰值更是突破500万，而同时段，腾讯体育峰值为200万，咪咕视频为150万。观看百视TV徐静雨NBA专场解说需要充值6元的会员费用，而大部分受众选择充值，只为了观看由徐静雨解说的NBA比赛，这就触及了主流体育新媒体之间的行业利益分配的问题，但也凸显出徐静雨这一类从自媒体起家自带流量的新兴网络体育解说员的强大实力。在B站平台，徐静雨作为篮球自媒体主播与受众在直播间直接对话，并设置提问金额标准，受众达到打赏标准可向主播提出问题，主播做出解答，其深知新媒体平台逻辑，将自我情感融入职业，将自身与平台打造成合作关系并获取收益，从受众处获得直接利益，提现作为体育主播的打赏收益，与平台、受众形成强有力的关系劳动矩阵。

徐静雨现象的出现打乱了体育解说市场的平衡，作为篮球自媒体主播，原本与职业体育解说员没有业务交集，但当其涉足专业领域，其身份发生了巨大转变，受众自然会将其与各大职业体育解说员相提并论。巨大的流量推动了收视率的转变，但具有流量是否代表其专业的问题仍值得讨论。例如，徐静雨的解说多以球迷视角，以非专业的语言对比赛进行讲述，在解说中经常能听到其一连串“啊”的惊叹，其对于比赛中技战术的变化和球场细节的解说力度有时也难以满足受众。在有关如何对比赛进行解说的研究中，张德胜等认为体育解说应遵循描述、解释和评价三种逻辑，不要忽略权威性、可听性、专业性，体育解说员要让受众看得懂比赛，使其能更深层次理解比赛，做到为受众服务，让受众满意，强调体育解说员要根据实际情况灵活应变、科学讲解。网络体育解说员应成为“三位一体”的主体角色，即报道者、评论者、娱乐者，应具有赛事报道的能力、独到的分析能力以及不可缺少的娱乐元素，其性格优势、语言才能缺一不可。

4　新媒体视域下网络体育解说员的发展策略

生活在互联网语境下的受众，对于一成不变式的解说已经厌倦。咪咕视频打破体育赛事转播垄断格局，拿下多项大型国际赛事的转播版权，开设多条解说频道。受众可以任意选择风格各异的解说员，不再拘泥于播报式、朗诵式或播音味儿浓厚的传统解说。作为体育赛事运营与营销的重要一环，体育解说无法改变赛事本质，但可以放大赛事本身的特点。

4.1　挖掘网络体育解说员符号IP的潜能

主流新媒体平台开创了体育解说新模式，也带动了受众观看体育比赛的热情。

国内专业的移动应用数据分析平台七麦数据显示，在2022年北京冬奥会开幕式前（2022年2月4日前），咪咕视频App日均下载量不超过2万次，在2022年北京冬奥会期间（2022年2月4日—20日）下载量迅速攀高，2022年2月8日下载量突破30万，迎来了峰值（图1）。

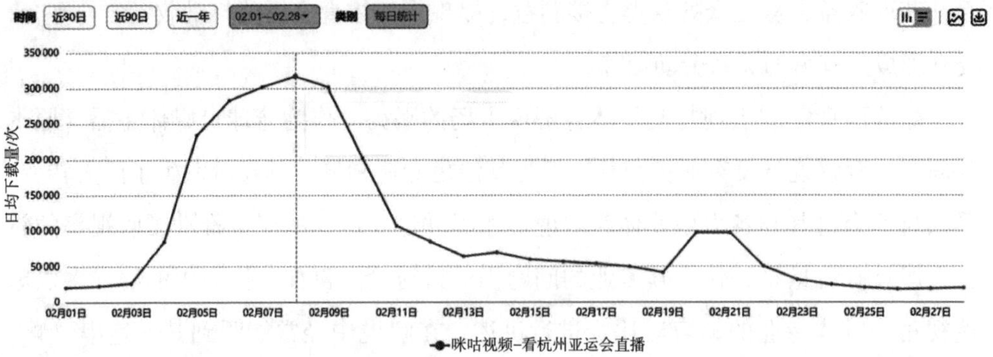

图1　咪咕视频App2022年2月下载量统计图

在商业化、品牌化的进程中，各大主流新媒体平台纷纷招贤纳士，吸收自带流量的知名体育解说员，在网络平台的流量对决中一较高下。大型赛事的转播是多家新媒体平台机构争夺的“战场”，2022年卡塔尔世界杯12强赛期间，各新媒体平台纷纷壮大自家体育解说员阵容。2022年杭州亚运会比赛期间，除了普通话解说，还有粤语、闽南语、沪语解说等方言直播间。咪咕视频体育板块在解说配置方面持续发力，不仅在现有的模式下开拓了闽南语解说频道与咪咕二台频道，还使专业体育解说员与草根体育解说员同台“竞技”，让受众在同场次转播中选择自己喜爱的解说员，这便凸显出了网络体育解说员个人IP的重要性。

4.2　拓宽体育解说外围渠道

新媒体平台拥有得天独厚的环境优势，相对自由随性的话语环境让风格迥异的网络体育解说员都有崭露头角的机会，相对不受束缚的解说形式也是造就“天才”体育解说员的良机，“辩论式解说”“群体式解说”“沉浸式解说”等解说形式一一呈现。各大新媒体平台在转播中国男子篮球职业联赛（CBA）、NBA、英格兰足球超级联赛、欧洲冠军联赛等的重点场次比赛时都设置了“主队”专场解说直播间，解说员都是这支球队的铁杆粉丝或当地的体育解说员，从球迷视角解说比赛，将比赛双方球迷以模块化的方式分成两派，提供专属于本队球迷的球迷社群，这种解说形式摒弃了体育解说的倾向性原则。新颖的解说形式提供了多样的观赛渠道，也给不少具有极强个人特色的网络体育解说员提供了舞台，但其中对于解说细节的把控还需要细化，媒体监管部门对于解说中出现的偏激词汇和话语要做好督导，以避免体育解说员与受众矛盾的激化，从而给受众提供良好的观赛体验。

对于解说嘉宾而言，网络平台解说更易入门。优酷、咪咕、腾讯在CBA转播期间邀请部分中国篮球从业者作为解说嘉宾，前职业球员张庆鹏、孟铎等，教练员刘铁、李秋平，国家队前翻译郭维盛、中国大学生篮球联赛（CUBA）前明星球员杨皓喆等纷纷加入，解说嘉宾虽然能从专业的技战术方面对比赛进行讲解，但在控场、语言衔接、调动受众情绪方面有所欠缺。因此，在商业化版权意识增强的当下，应不断拓宽人才选拔机制，发掘更多优秀的体育解说人才，使我国的体育传媒行业向纵向、横向全面发展。

4.3 正确引领受众情绪导向

如今，受众与体育解说员的联系已越来越多，双方观点的交锋愈发激烈，体育解说员从受众社群言论中寻找新词汇、新观点，受众从体育解说员的解说与社交媒体中发现新问题、新思路，但体育解说员作为“意见领袖”的地位依然没有改变。在极其重要的大型体育赛事中，体育解说员的解说语句都会被重点“照顾”、反复分析，影响着多层面、多群体，包括体育界、媒体界与受众。体育解说员詹俊对于洛里斯·卡里乌斯在欧冠决赛失误的那句“巨大巨大超级超级低级的失误！”已经成为门将失误后球迷在网络体育社群中对其的一致评价；素有“解说诗人”之称的贺炜在世界杯比赛中以诗句与名言组成的比赛总结语已经深深刻在球迷与解说爱好者的内心，每当比赛结束后输掉比赛的球队悲壮离场，贺炜诗意的总结便会在球迷的评论中流传。

网络体育解说员徐静雨在2023年篮球世界杯期间对于中国男篮主教练的选择问题的言论在新浪微博持续发酵，引发了体育界、媒体界、球迷之间的大讨论，舆论导向瞬息万变，而球迷这个庞大的群体，极易受到意见领袖的言论的干扰，造成舆论的崩塌。

在这个信息爆炸的时代，作为即时体育赛事传播的源头，体育解说员的影响力较大，体育解说员的每一句话、每一个词都会牵扯住受众的情绪，每一次场上赛况的分析都可能引发场下舆论极大的争议。因此，网络体育解说员要把控好解说语言的“度”，注意网络引导的“度”，正确引领舆论导向，保持好与受众的联系，避免出现过度情绪化、主观化的状况，坚守“把关人”的职责，树立正确“意见领袖”的导向。

5 结语

我国的体育解说工作从最初发展至今，始终将受众的需求放在重要位置。进入新媒体传播时代，切合实际地与受众保持联系更是重中之重，体育解说工作更好开展的动力就在于受众的认可和需要。在新媒体平台直播中，网络体育解说员应树立良好的形象，传递正能量的评述话语，掌握符合平台逻辑的运行思维。在社交媒体中，网络体育解说员也应进行导向正确的内容生产，运营合理的个人IP，正确引导受众情绪。本文基于关系劳动理论视角再议网络体育解说员的发展潜能，并重新审视其在体育传播中的中心地位，从精英话语转向大众话语，服务受众，反馈受众，继而从平台和受众得到相应的精神支持和物质反馈。因此，网络体育解说员要逐渐适应新媒体时代的变革，跟上科技发展的脚步，积极满足受众的需要，持续推动我国体育解说行业发展。

◎ **参考文献：**

[1] 王晟添. 东京奥运会总台体育解说的叙事框架与效果研究[J]. 电视研究，2021（11）：103-105.

[2] 张德胜，武学军. 体育解说评论[M]. 武汉：华中科技大学出版社，2017.

[3] BAYM N K. Connect with your audience! The relational labor of connection[J]. The communication Review，2015，18（1），14-22.

[4] 董晨宇，叶蓁. 做主播：一项关系劳动的数码民族志[J]. 国际新闻界，2021，43（12）：6-28.

[5] 张廷宛. 机遇或负担：互联网平台逻辑下的关系劳动[J]. 东南传播，2021（9）：26–28.

[6] 宋常云. 全媒体语境下电视体育解说的定位与创新[J]. 传媒，2022（5）：37–38.

[7] 魏伟，柳亚鹏. 5G时代体育解说的国际传播新态势[J]. 对外传播，2022（2）：29–33.

[8] 张玉启. 传统媒体对接互联网思维的要素分析[J]. 中国广播电视学刊，2018（10）：64–68.

[9] 张前荣. 从接受动机视角观照体育解说的娱乐性[J]. 皖西学院学报，2016，32（2）：126–129.

[10] 张德胜，李峰，王子也. 体育解说评论的3种逻辑及其科学运用[J]. 上海体育学院学报，2017，41（2）：15–20.

[11] 张德胜，张钢花，李峰，等. 体育解说评论的本质特征与主体角色[J]. 武汉体育学院学报，2017，51（5）：5–9.

[12] 张德胜，李峰，姜晓红. 体育解说评论的五大基本原则[J]. 武汉体育学院学报，2016，50（11）：12–19.

[13] 林小榆，叶紫辰. 当今体育解说面临的新媒体形势及应对策略[J]. 北京体育大学学报，2013，36（6）：32–35.

作者贡献声明

金威成：确定研究选题、设计论文框架、搜集统计数据、构建论文模型、撰写论文。

裴相荣：优化论文框架、数据整合及清理、论文修订。

源流、继承与创新：新中国文学性体育解说风格的嬗变研究*

宋　扬，廖丹丹

（北京体育大学，北京 100084）

◎ 作者简介

宋　扬：博士，北京体育大学新闻与传播学院讲师、硕士生导师，国家级普通话测试员，主持教育部人文社科研究青年基金项目等多项课题。研究方向：体育解说、主持传播。

廖丹丹：北京体育大学新闻与传播学院硕士研究生。研究方向：体育解说。

摘　要：在体育强国建设和2022年北京冬奥会举办的大背景下，全社会对体育的关注度和参与热情持续高涨，而兼具体育新闻传播与语言艺术表达双重内蕴的体育解说也受到了高度关注。其中，文学性体育解说风格独树一帜，广为体育迷接受和喜爱。结合历史背景、重大事件和活动，本文以文学性体育解说风格的嬗变作为研究切入点，将其分成以张之、宋世雄两位中国第一代解说员为代表的源流阶段，以《NBA十佳球》《天下足球》节目和贺炜为代表的继承阶段和以具备互联网属性的新一代解说员苗霖、陈滢为代表的创新阶段，并分别对这三个阶段进行文学性解说风格分析。

关键词：体育解说；文学性风格；张之；宋世雄；贺炜

* 基金项目：本文系2022年北京体育大学本科教育教学研究与改革项目“基于‘MCN 机制’的体育解说应用型人才培养模式创新实践研究”阶段性研究成果。

体育承载着国家强盛、民族振兴的梦想。体育强则中国强，国运兴则体育兴。体育见证了中华民族振兴、强盛的奋斗历程，而体育事业的蓬勃发展也直接加速了体育解说的发展进程。习近平总书记指出："北京冬奥会是我国重要历史节点的重大标志性活动，是展现国家形象、促进国家发展、振奋民族精神的重要契机。"

随着2022年北京冬奥会的圆满举办，同时值此"两个一百年"奋斗目标的历史交汇期，大众对体育的参与热情不断高涨，观众对体育解说也提出了更高的要求。回溯新中国成立以来的体育解说70余年的发展历程，以文学性表达为代表的体育解说风格因其灵动的语言、丰厚的情感、文学的修辞、体现出的人文关怀以及小说般跌宕起伏的情节等特征受到体育迷的广泛接受和喜爱。李怡舟等将新中国成立以来解说评论的风格流变划分成叙述为主、夹叙夹议和众声喧哗三个时代，本文基于这一论断对文学性体育解说风格的嬗变进行研究。结合历史背景，从1951年中国第一场有转播的篮球比赛开始，以1995年中央电视台体育频道开播和2012年乐视体育重磅上线两个时间节点为划分基础，本文将新中国成立以来文学性体育解说风格的嬗变分成溯流穷源、继往开来、百花齐放三个阶段。

1　溯流穷源：张宋师徒开创文学性体育解说风格

自1951年张之、陈述担任新中国成立以来第一场有转播的篮球比赛的现场解说员起，至1995年中央电视台体育频道正式开播，以张之、宋世雄为代表的中国第一代体育解说员在比赛的实况转播中就开始使用颇具文学韵味的解说语言，并由此开创了文学性的体育解说风格。

1.1　张之：引经据典，气势磅礴

张之是我国广播电视体育转播的开拓者，同时也是文学性体育解说风格的开拓者，他在无书参考、无人指导的情况下创立了独树一帜的文学性解说风格，在体育实况转播领域取得了开创性的成功，赢得广大体育迷的一众好评。张之的文学性解说风格主要体现在以下两个方面。一方面，张之选择恰当且经典的古诗词对比赛实况进行描述。其一，古诗词的引用能够简单精练地总结出比赛现场的赛况；其二，古诗词对仗的句式和蕴含的情感能够精准地传达出体育比赛的竞技精

神并增强解说员解说比赛的感染力。例如，张之用李白的诗句“一夫当关，万夫莫开”形容足球守门员防守的严密；用李贺的诗句“黑云压城城欲摧”形容比赛中一方被另一方围攻的危急场面；用陆游的诗句“山重水复疑无路，柳暗花明又一村”来形容比赛过程中战局的变化。另一方面，张之学习借鉴《三国演义》《红楼梦》《水浒传》等古典小说的描述手法。例如，介绍举重运动员魁梧挺拔的身材时说“他有倒拔垂杨柳的劲头”；把运动员不失时机冲进禁区形容为“他单枪匹马冲入重围，好像长坂坡前的赵子龙”；对乒乓球运动员一发球就连续进攻的形容是“他一上阵，就使出了程咬金的三板斧”。这种将古典小说里面的代表性人物运用到实况体育解说中的表达方式能够把运动员和小说人物直接地联系起来，如此一来，听众对运动员的形象也就有了更加明晰的感受。而这一点也恰好契合了当时广播时代的体育解说特性，听众在看不到比赛画面的情况下只能够通过解说员的解说去想象，然后去构建比赛现场的画面。因此，这种借鉴古典小说描述手法的解说词无疑是最为直接、最为形象的。

作为文学性体育解说风格的开拓者，张之深厚的语言功底和强大的艺术表现力使其解说内容丰富凝练并颇具文学韵味。其中，张之丰厚的文学底蕴更是为听众精确地描绘出了气势磅礴、恢宏大气的激战场面，生动而传神的语言以及恰到好处的表达给听众带来了极致的语言艺术享受。而如此深厚的语言功底源于张之平日大量的积累。张之酷爱看书，看遍古今，从著名小说到诗词歌赋，自然也就能出口成章。张之多年阅读和实践所积累下来的文学底蕴和体育知识帮助他在文学性体育解说领域取得了开创性的成功。

1.2 宋世雄：博采众长，身临其境

宋世雄被业界亲切地称为“小张之”，这是因为他师从张之，自高中时期就一直跟着张之学习播音和体育解说。因此，宋世雄也就自然而然地继承了张之开创的文学性体育解说风格，并在其指导下将这种解说风格进一步发扬并融入了独特的“宋氏元素”。这种经过长期实践发展起来的独特风格在宋世雄的解说中主要体现在以下四个方面。第一，他借鉴我国古典诗词和散文中精练的文字表达使解说语言生动顺口。例如，在解说1987年世界羽毛球系列大奖赛的一场比赛时，宋世

雄借鉴了李清照《声声慢》中的“寻寻觅觅，冷冷清清，凄凄惨惨戚戚”的句式来烘托“李玲蔚在羽毛球场上前前后后，左左右右，长长短短”的现场气氛。第二，他在优秀的古典小说中学习如何刻画人物性格，学习和吸收其优秀语言并不断捕捉人物的特殊形态，从而更好地表现人物形象。这样可以使观众身临其境沉浸式感受比赛的氛围，真真切切地感受到比赛竞争的激烈。第三，他学习著名作家的作品，如老舍高超而凝练的语言技巧让宋世雄学到了如何在转播中运用口语刻画人物形象。第四，他还从传统艺术如京剧等戏曲中吸收养分。正如京剧这项艺术形式一样，体育解说艺术表现力的积累也非一日之寒，而是通过多种渠道一点一滴积累起来的。宋世雄解说的最大特点在于声音的高亢激昂，宋世雄通过这种声调的抑扬顿挫传达出的情绪来描绘比赛现场赛况的变化起伏，这样，即便观众无法亲临比赛现场，无法直接观看比赛现场的实时画面，也可以沉浸式地感受比赛紧张的氛围，从而提高观众对比赛的感知度和参与感。总结下来，宋世雄汲取百家之长，并在长期的解说实践中不断充实、拓展文学性体育解说的内容和边界，在文学性体育解说风格开创初期的发展历程中留下了浓墨重彩的一笔。

在文学性体育解说风格的开创初期，文学性风格主要体现在体育解说员对古诗词和现当代文学作品的旁征博引以及用生动形象的语言文字精准刻画人物形象、描绘赛场情景这两个方面。当下全媒体环境中凸显语言艺术美的体育解说也印证了张之、宋世雄对体育解说文学性表达的高瞻远瞩，其助力文学性体育解说的风格在开创初期就获得了巨大的成功。

2　继往开来：文学性体育解说风格得到进一步发扬

自第一代优秀体育解说员开创了文学性体育解说风格起，至2012年8月乐视体育重磅上线几乎垄断式地拿下了当时国内全网最多、最全、最好的赛事版权资源止，这段时期海量的赛事版权资源，使体育解说迎来了一个更加包容的发展环境。在此基础上，体育解说已经不仅仅局限于传统的体育赛事实况转播，更是延展到了以中央电视台的足球、篮球主题节目为代表的节目语言的风格多样化上。于是文学性体育解说风格在溯流穷源时期特点的基础上得到了进一步发扬，由此出现了大量令体育迷喜闻乐见的优秀体育解说员和优质体育节目。

2.1 《NBA十佳球》：妙语连珠，气贯长虹

在中央电视台体育频道的《NBA十佳球》节目中，兼顾篮球特质与文学韵味的四字词语解说词给广大球迷留下了深刻印象。例如，用“直捣黄龙”“一枝独秀”来形容扣篮时的凌人气势；用“大鹏展翅”“左右开弓”来形容盖帽时球员舒展的身体形态；用“一气呵成”“单骑救主”来形容快攻时高速推进的进程；用“一锤定音”“一剑封喉”来形容绝杀比赛时的场上态势等。结合篮球这项运动本身“小、快、灵、对抗性强”的特点，《NBA十佳球》这一篮球专栏节目的解说词最鲜明的特点就是对四字结构的广泛使用，对一次进球、一次得分、一次转换用简单准确的四字词语来概括描述形象且生动。正如篮球比赛的节奏一样，一次攻守转换可能只需几秒钟的时间，所以四字词语的比喻式结构非常契合篮球这项运动本身的特质——风驰电掣、大步流星。再配以解说员气贯长虹的声音，这样妙语连珠的解说词使观众不仅沉浸在精彩纷呈的篮球世界，还能感受到中国传统文化深厚的历史底蕴。

一方面，这种四字结构的解说语言将复杂的篮球运动规则和极具观赏性和冲击性的瞬间一语道破，能在很大程度上帮助观众尤其是非体育迷的观众尽可能首先从视觉和听觉上来理解并热爱这项运动，从而拓展篮球运动的观众群体。另一方面，文学色彩的引入使观众在观看节目时获得了文学性体验，给篮球这项运动增添了文学韵味，从而令观众获得新鲜感，增强观众对该节目的观看黏性。另外，体育解说作为叙事的一种，将语言符号即解说词中的四字词语，以及解说员气贯长虹的声音这两种符号进行艺术融合与应用，能够在很大程度上带给观众一种临场感，从而强化体育解说的传播效果。

2.2 《天下足球》：文学修辞，温婉动容

《天下足球》节目《贝影》这一期中写给大卫·贝克汉姆的解说词是：“他是宠儿，也是弃儿；他被追逐，也被放逐。他在失重中重获尊重，更在尊重中获得更多的尊重。他将离开，也永远不会离开。”这段被奉为圭臬的解说词，运用了对比、排比和反复的修辞手法。首先，对比修辞重现了贝克汉姆足球生涯的艰辛与苦难；其次，排比修辞不仅增强了情感色彩和情感力量，更是毫无保留地表达了对

贝克汉姆强烈的仰慕与不舍；最后，反复修辞突出强调了众人对贝克汉姆复杂而深沉的情感。三种修辞手法的运用直接将这段解说词上升到一个文学作品表达创作的层面而不仅仅局限在体育解说领域，助力体育解说实现“破圈”式传播。

《天下足球》的解说词一直都因其诗意煽情的语言和文学修辞手法的应用而受到广大球迷的热爱与支持，这在一定程度上也与《天下足球》节目特点和性质关系密切。该节目的观众大多是足球的多年“老粉”，因而观众对于某些球员、对于某场球赛都有自己的理解，在听到这些解说词之际，他们会更容易感受到情感上的共鸣共振。在文学作品里，使用修辞手法的目的多在于抒情，同样在体育解说这项要求艺术表现力的艺术创作过程中，修辞手法的应用刚好传递出了解说员对于体育以及背后蕴藏的体育故事的无尽热忱。体育解说的终极定位在于艺术表达，优美的文字配上入木三分般的情感，表意与传情皆一步到位。这种温婉动容的解说语言也在很大程度上促成了《天下足球》节目的成功，同时，该节目的成功也反哺了文学性体育解说，使文学性体育解说风格进一步得到体育迷的接受和喜爱。

2.3 贺炜：诗性语言，逍遥自在

素有“足球诗人”称号的贺炜则擅长用诗性的语言缓缓道出他对于足球、对于文学的深情。贺炜将文学性表达与体育解说进行了全方位的融合，开创了鲜明独特的解说风格。贺炜不仅继承了黄健翔解说的情感爆发力，还在此基础上融合了文学、历史学等学科素养，开创了一种更加内敛、文艺的情感宣泄方式。自古以来，诸多诗人都有“自古逢秋悲寂寥”的情怀，贺炜亦是如此。或许是出于对足球超乎寻常的热爱和细致入微的理解，他的解说词总是饱含深情而又细腻独到，再通过诗性的语言配以与之契合的声调。因此，贺炜的足球解说总能让诸多球迷情不自禁，为之动容。相比于足球场上司空见惯的激烈对抗，贺炜带给球迷的除了犀利专业的技术分析，还有赛场之外、足球之外的感动。在 2010 年南非世界杯的八强争夺战上，德国与英格兰激战90分钟，贺炜在终场哨响之际如诗人作诗般深情地道出了近两百字的“诗人解说”，展现了其深厚的语言功底，传达了其对于足球那份纯粹的热爱与长久的坚守。最后，贺炜感慨道：“不过，让我内心感到无比欣慰的是，在生命如此有意义的时间节点，在今天晚

上，电视机前的亿万球迷们能够一起来经历，共同分享。这是我的幸福，也是大家的幸福。我是贺炜，观众朋友们，再见！”一声再见潇洒转身，多么逍遥自在。

除了解说语言中华丽的辞藻，贺炜的解说之所以能够引起观众尤其是球迷的共情更是因为其饱含人情味的解说将真挚的情感和直面人生的道理一一道出。在2016年欧洲杯半决赛中，德国2：0输给了法国。针对德国的惨败，贺炜用莫泊桑的名言送别了失意的德国：“也许，他们会明白，莫泊桑的一句话，生活不像你想象的那么好，但是，也不会像你想象的那么糟，人的脆弱和坚强都超乎了自己的想象，有时候，可能脆弱得一句话就会让自己泪流满面，有时候，你发现自己咬着牙已经走过了很长的路。”其实，他这段话是在谈比赛，亦是在谈人生。比赛、体育和人生都如此，美好而残酷，所以即便是结果并不如意，但只要心怀热忱，坚定出发，未来依旧值得期待。面对如此饱含人情味的直戳心底的解说和关怀，观众自然会被其吸引，体育运动项目和文学性体育解说也都因此而得到进一步的关注。

在这一阶段，体育解说的文学性表达不仅继承了溯流穷源阶段生动传神的语言表达和人物刻画，此外在这个基础上，还融入了诗意的语言、文学的修辞、丰富的情感和饱含人情味的关怀。如此，一方面，文学性体育解说加深了观众对运动项目本身的理解。另一方面，情感和人文关怀更是提升了观众对运动之外的事物，如对于人生的感悟，而这种语言和情感上的双重冲击将多维立体的感受直接传达给了观众，并令其回味无穷。

3　百花齐放：文学性体育解说风格不断推陈出新

自2012年乐视体育上线至2018年乐视体育轰然倒塌再到今天，腾讯体育、咪咕视频、PP体育三家体育网络平台形成了“三分天下”的局面。而文学性的体育解说风格在经历了溯流穷源、继往开来这两个发展阶段之后也迎来了百花齐放的发展阶段。在这个发展阶段，颇具互联网属性的苗霖的评书式解说和陈滢的花样滑冰解说最具代表性，二者将文学性体育解说风格的关注度提升到了一个前所未有的地位。

3.1 苗霖：情节跌宕，惟妙惟肖

“掌中戟神鬼怕见，胯下马走海登山。好像哪吒三太子，是翻山跳下九重天！贝尔的倒勾球，虎牢关三战吕布里的人物赞。”在《足球解说大会》的决赛现场，苗霖在局势不利的情况下以迅雷不及掩耳之势脱口而出上述评书式的语言，最终凭借他独特的“评书式解说”，绝境重生，夺得PP体育《足球解说大会》的冠军。而后，苗霖又在足球解说的实践中不断提升自我，将“评书式解说”的标签牢牢地贴在了自己身上。在2020年1月5日进行的加泰罗尼亚德比大战中，武磊替补上场，在千钧一发之际打进绝平球，力挽狂澜，帮助球队战平“豪门”巴萨。赛后，苗霖赞叹道：神明爽俊少年郎，勇闯欧陆再启航。虎啸屠龙刀见血，倚天出鞘卷苍茫。梅开二度封喉剑，闪耀绝杀琥珀光。剁蟒斩蛟锣鼓震，祥麟威风武球王！

师从著名评书表演艺术家单田芳，苗霖对于评书的热爱和执着支撑着他一路将评书式的体育解说风格沿袭至今。而作为文学性体育解说风格开拓者之一的张之在解说中评书语言的使用也为苗霖的“评书式解说”提供了大量参考。例如，用“单枪匹马杀入重围”来形容篮球运动员的突破上篮，用“回头望月”来描述轻巧的勾手投篮，用“犬牙交错”来表达比分的交替增长等。最初，针对评书和解说这两个部分在比赛中的比重分配问题，苗霖在大量的解说实践中摸索学习，最终才有了目前相对固定的模式，即在足球比赛的实时解说之中，苗霖首先精简了评书语言，然后在中场休息的时间内再带来特定球员的评书小传。因此，解说与评书的特点在一场完整的足球比赛中的不同时段得以充分展现。加入了评书元素的足球解说，正好可以和足球比赛中跌宕起伏的比赛情节相互呼应。沿着时间这根长轴，评书中故事情节的发展和人物形象的刻画与足球比赛中赛况的走势和运动员场上激战的场面遥相呼应，而这也是“评书式解说”的最大特点。苗霖用“评书足球”这个鲜明的标签，不仅将评书这一中国传统口头讲说表演艺术形式传承下来，更是为文学性体育解说注入了绵绵不断的活力与生机，做到了“张扬但不张狂，个性但不任性”。

3.2 陈滢：诗情画意，超然象外

无论是2010年温哥华冬奥会上寄语庞清、佟健的“真的勇士，敢于直面惨淡的人生，敢于正视淋漓的鲜血”，还是2018年平昌冬奥会上盛赞羽生结弦的“容颜如玉，身姿如松，翩若惊鸿，婉若游龙”，陈滢用极具感染力的语言来形容花样滑冰运动员优美轻盈的身姿，还一并道出了运动员与花样滑冰运动之间的故事，看似云淡风轻，实则汹涌澎湃。

诗情画意的解说语言与花样滑冰这项被誉为“冰上芭蕾”的运动相得益彰，共同将花样滑冰这项运动的魅力和体育解说这项有声语言创造活动的艺术表现力展现得淋漓尽致。正如陈滢所言，解说这种艺术类的比赛就像是在演一场戏。运动员在冰场上用身体的语言去演绎节目，解说员则是在话筒前用解说员的声音去演绎另一场戏，而在演绎的过程中，把感情和对这套节目的艺术编排的理解通过语言去描绘出来，就要求解说要配得上运动员的节目、配得上奥运冠军所呈现出来的这套艺术品。因此，为了最大程度地演绎好这套艺术节目，解说员要在赛前花时间和功夫去钻研。而这些诗情画意的解说语言，无论是赛前对节目配乐的解读和对歌剧演绎故事的概述，还是赛后对节目的诗意般评述，这些内容在很大程度上源自解说员平日的专业积累和深厚的文化底蕴。陈滢的花样滑冰解说最大的特点在于比赛过程中的大量留白和比赛结束之际诗情画意般的点评，给观众留下了大量的想象空间来细细欣赏这项运动传达出来的艺术感染力，意味深长。以羽生结弦2018年平昌冬奥会自由滑曲目《阴阳师》为例，陈滢在羽生结弦表演的过程中全程保持静默，但是在比赛结束之际发出了最美的赞叹和感慨，将这项艺术和力量相结合的运动最美的一面带给了观众，令人回味无穷。赛后，关于陈滢的解说直接登上互联网热搜榜单，引发国内外网友和观众对于花样滑冰这项运动的关注，更是引出“中文绝美”的无尽感叹。

百花齐放阶段的文学性体育解说主要以个性鲜明的解说为代表，而这也与当下的媒介生态以及新媒体时代观众的特点息息相关。新媒体时代体育赛事资源丰富，观众可以自主地选择其喜欢的赛事以及赛事解说员，这也在很大程度上给体育解说创造了一个更加包容开放的发展空间。

4 结语

2020年东京奥运会期间，话题“东京奥运会的神仙解说词”登上微博热搜，如杨倩获得首金时的“除却君身三重雪，天下谁人配白衣”以及孙一文在击剑赛场上一箭定格的“一剑光寒定九州”。这种中国传统文化与现代体育运动的完美契合引发了观众对于体育解说文学性表达的高度关注，体育解说成功实现“出圈”和“破圈”，并且又在很大程度上助推了文化自信，中国传统文化在体育比赛的场内和场外都得到了完美亮相。随着2022年北京冬奥会的圆满落幕，文学性体育解说在世界级的舞台上再一次得到高度关注和大量讨论，为讲好中国故事、传播好中国声音添砖加瓦。

体育解说是一种相当高级的艺术活动。而文学性的体育解说风格更要求体育解说员有较高的文化艺术修养和语言表达能力，从而带给听众和观众一种语言艺术的享受，并引导其体味体育解说中蕴含的运动之美和文学之美。另外，从更宏观的视角来看，这种中国传统文化与现代体育运动的深度结合更是体现了我国的文化自信与文化根基。回望新中国成立以来体育解说70余年的发展历程，文学性体育解说风格在每一个“关键性临界点”都出现了极具代表性的解说员。本文仅管中窥豹地选取了新中国成立以来不同时期几个极具代表性的体育节目和几位优秀的体育解说员来梳理文学性体育解说风格，相信在体育强国建设的大时代背景下，文学性体育解说风格必将迎来一个更具创新性、时代性的发展格局。

◎ **参考文献：**

[1] 李可兴，江轶. 习近平总书记关于体育工作重要论述的科学内涵和重大价值[J]. 北京体育大学学报，2018，41（11）：9–15.

[2] 肖坚，汪焱. 习近平体育强国思想引领下的体育强国建设[J]. 体育科学研究，2019，23（1）：1–5.

[3] 肖宁. 从受众理论出发提高我国体育解说水平[J]. 新闻爱好者，2010（6）：122–123.

[4] 李怡舟，乔艳春，邹英. 泛媒化时代我国足球解说评论的叙事研究：基于空间、

情节的维度[J]. 沈阳体育学院学报，2020，39（6）：87-93.

国体育记者协会. 百名中国体育记者自述[M]. 北京：人民体育出版社，2000.

世雄. 宋世雄自述：我的体育世界与荧屏春秋[M]. 北京：作家出版社，1997.

冯东玲. 电视体育解说中的文学表达——以CCTV5解说NBA为例[J]. 新余学院学，2014，19（3）：91-93.

8] 王东林. 伦理视域下我国体育解说的历史检视与简评[J]. 武汉体育学院学报，2020，54（1）：26-30.

作者贡献声明

宋　扬：确定论文选题、确定论文逻辑框架、设计研究思路、撰写论文摘要、修订论文。

廖丹丹：收集整理资料、撰写论文初稿。